女流経営

12の成功物語

安田龍平・木村泰三　編著

メディア総合研究所

はしがき

「女流……」といえば、女流作家、女流ピアニスト、女流ゴルファー、女流演劇などと、女性ならではの、その道の専門家の活躍を言うようだ。

「女流経営」と名付けたのは、女性経営者も今の日本の社会ではまだまだ稀少であるが、その中で、特に女性の特性を生かし、女性の良さを発揮して、女性ならではの経営をした12人の経営者の成功物語を記した本だからである。

一般に、女性が自分の志を持って、自己実現して、女性の特性を生かして経営に成功した例は数少ないようである。

数少ないといっても、我々がその対象として、候補に挙げた人物・企業は50を超した。その中で種々調査し、セレクトした方々がこの12人である。

取材執筆してみて改めて感じることは、この12人の方々の人間的魅力である。各章の扉にあるこの方々の表情をご覧いただきたい。

ここに至る数々の労苦、逆境に挑戦し、あきらめず、粘り強く、袖擦りあう縁をも生かし、運を呼び込み、かつ、女性としての感性、情緒などの特性を生かして成し遂げた成果がこの笑顔に表れている。

経営には様々な手法があり、人それぞれ、企業それぞれの方法で成功に結び付けていくのであるが、最終のところ経営者の人間性がその決め手となる。この「女流経営」でもその思いを深くした。

我々は、女流経営企業のコアコンピタンスを3つの成功ポイントとしてまとめ、その成功の条件をそれぞれ章末に記した。また、何によって成功したのか、ターニングポイントは何だったのかを解かりやすくグラフ化をしてみた。

その一方で本文では、その女流経営者の人間としての生き方にも焦点を合わせた。企業を描くことよりも人間を、女流経営者を描くことに注力した。

この12社の女流企業経営者の生き様を学ぶことは、現在の日本の厳しい経済環境に生きる中小企業にとって、ビジネスマンにとって、女性のみでなく、男性諸氏にも大いなる糧となるものと信じている。

これからは、数多くの女性が志を持って、女性の特性・良さを生かし、さまざまな産業分野で、起業し成功していただきたい思いでいっぱいである。

本書は社団法人中小企業診断協会東京支部中央支会「経営支援実務マスターコース」略称YCS（安田コンサルティング・セミナー）に所属するメンバーで共同執筆したものである。全員中小企業診断士の有資格者である。なお、YCSでの共同執筆は本書で平成14年以来11冊目である。

最後に本書執筆のための取材に当たり、快くご多忙の時間を割いて取材に応じて下さった各企業の経営者・従業員の方々に、深く感謝申し上げる。

また、上梓に当たり、執筆指導から編集に至る各所において行き届いたアドバイスを下さった株式会社メディア総合研究所の吉野眞弘社長、千種伸彰様、前原由理様にこの場を借りて謝意を表する。

平成18年9月

編著者　識

目次

「おんなのこ」のハートをつかんだカリスマ社長

株式会社 ピーチ・ジョン
代表取締役社長 野口 美佳

カリスマ社長の起業論

すべては「非常識」から始まった

「非常識なことが好きだから」

ミカ・ジョンこと、株式会社ピーチ・ジョン代表取締役社長、野口美佳。

女性用下着の通信販売と店舗販売で年間173億円（2006年5月期）を稼ぎ出す、有名なカリスマ女性経営者だ。女性特有のニーズを見事につかみ、「元気・ハッピィ・SEXY」をモットーに、その存在を築き上げてきた。彼女が多くの人を惹き付けているのは、非常識さゆえと語る。

起業とは誰もやりたがらないことをやること。誰かが既にやっていることであれば、それをさらにいいものにすること。この2つしかない、というのが野口の持論だ。会社経営も商品づくりも商売も、常識通りやっていたらうまくいかない。誰もやらなかったことに挑戦する。常識を打ち破る「非常識な発想」からしか起業なんてあり得ない。

「非常識な発想がこれからの日本をつくっていく」

野口はそう断言する。

自らが広告塔となり、連日のようにテレビや雑誌の取材をこなす。起業家教育にも熱心に取り組み、大学などから依頼があれば、積極的に出向いて未来の起業家たちに熱いメッセージを送る。一方、プライベートでは4人の子供の母親という顔を持つ。恋人や友人たちとの時間もとても大事にしている。野口の1日は24時間ではとても足りない。

常識にとらわれず、日々忙しく前向きに生きる。経営者として、人間として、女性として、飾らない自然体が野口の最大の魅力だ。

「元気・ハッピィ・SEXY」な会社 ピーチ・ジョン

若い女性から絶大な支持を受けているピーチ・ジョン。顧客はヤング層・ヤングキャリア層が中心だが、ターゲットはあくまでも、自分を「おんなのこ」だと思っているすべての女性。こだわりを持つおしゃれな「おんなのこ」たちに、「元気・ハッピィ・SEXY」を届けることがモットーだ。通信販売を主軸とするが、直営店「ピーチ・ジョン・ザ・ストア」も19店舗（2006年7月1日現在）を全国に展開している。

野口が通信販売の世界に入ったのは1986年だった。ピーチ・ジョンとして女性下着商品の販売をスタートさせたのは1988年。順調に成長し、会社を設立した1994年の売り上げは14億円に達した。1999年には100億円を突破。さらに拡大を続け、2006年5月期には、堂々の173億円を記録している。

女心をくすぐる

ピーチ·ジョン成長のきっかけは、会社設立前年に発売した「ボムバストブラ」の大ヒットにある。

「ちっちゃな胸に谷間ができる」

今でこそ胸を大きく見せるブラは珍しくないが、当時は「おんなのこ」の愛らしい願いを実現するブラなんて市場には存在しなかった。

ボムバストブラは野口自身が欲しいと思った商品だった。売れないリスクを考えるより、売れるはずだという自身の直

「売れないリスクを考えるより、売れるはずだという自身の直感に従った」

ピーチ・ジョンの名を一躍有名にした「ボムバストブラ」の
最新デザイン

感に従った。

「かわいくてセクシーな自分でいたい」

野口の読みは的中する。多くの女性ニーズに見事に応え、ボムバストブラは累計約300万本を売り上げる大ヒット商品となった。

ピーチ・ジョンの特徴は、「女心をくすぐる」商品群にある。機能性は時に無視する。ブラやショーツに邪魔なくらいの大きなリボンをつける。

「今日のブラはお花畑」

「ブラとショーツはおそろいよ」

誰に見せるわけではないけれど、ウキウキして楽しくなる。そんな女心をピンポイントで狙い撃ちするのがピーチ・ジョンの商品戦略だ。流行を感じ取り、売れる商品を見定める能力に優れた野口の存在があってこその戦略である。

商品の見せ方もうまい。年4回発行されるカタログの総発行部数は250万部。ピーチ・ジョンのカタログは、通信販売のカタログというよりは女性雑誌に近い、見ごたえのあるものだ。野口のカタログづくりに対する気合や、広告宣伝に対する力強いアプローチを表しているとも言える。ピーチ・ジョンの知名度を上げるために、有名タレントを口説き、下着モデルとしてカタログの表紙に起用したこともあった。

カリスマ社長の原点を探る

自分の力で生きていく　～運命の出会い～

10代のころから、野口には将来会社員になるという選択肢がまったくなかった。将来の夢は「お店屋さん」。自分の力で何かをやりたかった。

ピーチ・ジョン
カタログ第1号（1988年）

最新カタログ
（2006年秋号）

「自分の腕一本で生きていく何かに憧れた」

大学受験や就職という現実が迫っても、会社に入る気にも大学受験をする気にもなれなかった。会社員になるための大学なんて全然ピンとこない。何かが違う。漠然と自分の腕1本で生きていく何かに憧れた。広告づくりのようなものに興味があったから、グラフィックデザイナーやイラストレーターといった職種で、フリーランスがよかった。そう思いながらプラプラしているうちに東京に流れ着いた。高校を卒業して半年が経ったころだった。

上京して1年後。デザイン事務所のアシスタントデザイナーとしてアルバイトを始めた。しかし、そこは野口がイメージしていたカタカナ職業の華やかな世界とは違っていた。不動産広告をメインにした地味なものばかり。まったく興味がわく仕事ではなく、結局、1年くらいで辞めた。

アルバイトを転々としているうちに一人の男性と運命的な出会いを果たす。野口正二（ピーチ・ジョン元会長）である。正二とは後に2度結婚をして2度離婚をする。彼との間に3人の子供ももうけた。野口の人生は、ビジネスでもプライベートでも彼なしには語れない。

野口が20歳のときだった。

「事務所を借りられることになったから、会社を手伝ってみないか？」

勤めていた通販会社を辞めて独立する正二が、野口に声を掛けた。

「この子はハキハキしていて調子もいい、愛想がよくて何でもできそうだ」

正二はこのように感じたという。広告がつくれるから外注しなくても済むというコスト面でのメリットもあった。

いつか絶対見返してやる！

だが、そのころは職務経験も少ない若い女の子だ。正二に毎日厳しい教育を受けて通信販売の「いろは」を叩き込まれることになる。それは大変なスパルタで、毎日ボロクソに言われ続けた。本当につらかった。悔しくて、悔しくて、毎日涙を流した。どうして私がこんなことを言われなきゃいけないのだろう。どうしてこんなに人間性を否定されてまでこの人と仕事しなきゃならないのだろう。

「いつか絶対見返してやる！」

そんな思いが野口の中に芽生えるまでに、そう時間はかからなかった。

「こんな男に負けてたまるか」

野口は一人の男性を見返したいがためにがむしゃらに頑張った。会社では上司でもプライベートでは夫。だからこそ余計に悔しかったのかもしれない。悔しさが、強力なエネルギーを生んだ。

「対立のエネルギーが会社を大きくしたのかもしれない」

と野口は語る。正二はコストを削減し、野口が売り上げを拡大していく。相反するこの2人が組んで仕事をすると、利益が最大化した。対立し合う夫婦関係だったが、ビジネスの世界ではこれが大きなプラスに出た。表に見えるものは野口が築いた。正二が裏方を整備した。

商売って売れればいいんだ

「20代は本当に浅はかで、脳みそではなく体力でがむしゃらに仕事をしていました。力どころか肩にはパットが入っていました（笑）」

まだ似合わない高級服を着て背伸びをしていたのだと、

「力どころか肩にはパットが入っていました（笑）」

「自己満足を消して、モノが売れるとはどういうことなのかを考えるようになった」

野口は自らの20代を振り返る。

若い時は皆、人の言いなりに動きたくなくて自己アピールをしたがるものだ。野口自身も20代は自分が好きな仕事を優先した。しかし、それではモノが売れない。厳しい現実に直面し、自己満足を消して、モノが売れるとはどういうことなのかを考えるようになった。そうしたら、実際にモノが売れるようになった。売れたら仕事が面白いと思えるようになった。

「なんだ、商売って売れればいいんだ」

喜んでもらえたら、また買ってもらえる。モノに対して満足してもらえるのが一番幸せな商売だ。買ってくれる人のための商売をすればいい。なんだ、それだけでいいんだ。今までいっぱい余分なことをしていた。

そう思ったら肩の力が抜けた。自分に似合う服も着られるようになった。野口が商売の本質に開眼した瞬間だった。20代も後半のころである。

なりゆき社長の誕生！

28歳のとき、ようやく独り立ちを許された。

正二の会社は社員がたったの4〜5人しかいない小さな会社で、その中で野口一人が女性用下着（ピーチ・ジョン）を扱っていた。その売り上げがみるみるうちに上がってきていたのだ。

「お前、このまま下着でやっていきなさい」

正二の会社からスピンアウトを果たし、ピーチ・ジョンが一つの会社として産声を上げた。

厳しい毎日に耐え、ここまで頑張ってきた。これ以上、誰からも何も文句を言われたくない。野口は期待に胸を膨らませた。

そもそも自分の人生において、社長になる目標などまったくなかった。今思えば、もともと就職するつもりはなかったのだから、自分で会社を始めるという選択肢もあって当然なのかもしれない。でも、実際は社長になりたくてなったわけじゃない。すべて「なりゆき」だった。

自信の源は「ゼロからのたたきあげ」

最初、顧客は30人くらいだった。野口自身の給与も15万円程度。会社設立時の資金は正二が貸してくれた100万円だけだった。まずは、顧客を増やしていかなければならない。通信販売の命である顧客名簿は、30人を60人に、60人を120人にと、倍に倍に増やしていった。

多くの通信販売会社と違って、ピーチ・ジョンは顧客リストを一度も買ったことがない。それがピーチ・ジョンの最大の強みである。

「最初の一人から自分でつかんできた」

顧客名簿をゼロからつくった自信が一番大きいと野口は言う。

自分の会社ができて、自分の好きなようにできるようになった。野口にとっては楽しいスタートだった。どんどん売り上げが上がっていったので、正二も自分の会社をたたんでピーチ・ジョンに入ってきた。最初の5年ほどは、正二が経営面を取り仕切り、野口はがんがんモノを売る体制に徹した。カタログの売り上げは、ピーチ・ジョンを始めたころは2億円だった。それが6億円に増え、やがて13億円になって20億円になった。売り上げが30億円になったころには社員も30人になり、一人が1億円を売り上げている計算になった。

「そのころから社長としてのステージが変わった」

それまでは好きな現場仕事をやっていたが、ヒトの管理が仕事の中心になった。

本物の経営者への道

独学で社長業

会社の規模が30人以上になると、自分が現場で動くのではなく誰かにやってもらうことになる。経営者として野口は、社長業・会社の展望・事業計画などの大切さを実感し始めた。

ここからが野口のすごいところだ。必要性を感じた途端に、社長業についての猛勉強を始めた。会社の経営とは何か。大学も行っていないため、経営学も勉強しなければならない。経済の仕組みも勉強しなければならない。

「何にも知らなかった。でも、すべて自分自身でやってきた」

野口の自信。それは「ゼロからのたたきあげ」という自信だ。すべて自分が実地で学んだこと。そこからすべてを語れるという自信。その自信が野口の今をつくっている。彼女の余裕と自然体の秘訣であると言える。

「学校で勉強したことは何一つない。私は本当のたたき上げだと思う」

会社の危機に直面

順調に拡大してきたかのように見えるピーチ・ジョン。しかし、会社の危機は大小含めて数回あった。野口が社長業を意識するようになった要因の一つもここにある。一番危なかった時期は2002年である。在庫過多で会社が一気に傾きだした。現在の売上高173億円からすると、野口が経験からはじき出す適正在庫の数値は約15億円だ。一方、2002年当時の売り上げはまだ120～130億円。それなのに在庫が一気に30億円を超えた。

通信販売の悩みとして、何がヒットするかを読みきれないことがある。どんどん商品が売れ、資金繰りに困らなくなったことが逆効果となった。お客様を待たせることがな

いようにと、調子に乗って在庫を増やした。在庫がどんどん膨れ上がった。30億円を超えたとき、本当に会社がつぶれそうになった。野口は、このとき初めて適正在庫というものを意識する。

ここにもあったV字回復　当たり前経営の勝利

さらに、当時は社員が550人もいた。現在は約140人だから、どれだけ「適正人員」を意識してなかったかもわかる。

つぶれそうになって、リストラに着手せざるを得なかった。社員は当然不安になるし、不信感も募る。さすがに身を削る思いの毎日が続いた。従業員550人を大幅に減らしたら、一人当たりの業務量が莫大に増えることが予想される。しかし実際には、人員を減らして3ヶ月経っても業務上の大きな支障は何もなかった。野口は、会社全体がどれだけムダな仕事をやっていたかに気付く。

人員削減・事務所移転・カタログ部数削減・コマーシャル削減など、思い付く限りのコストカットを断行した。9ヶ月後に売る商品を6ヶ月後に前倒しした。開発のスピードを上げた。もうかるものだけに集中した。規模こそ違うが、カルロス・ゴーンがつぶれかけた日産自動車をV字回復に導いた手法と何ら変わりはない。野口は集中した取り組みで、毎月1億円のコスト削減を18ヶ月間続けた。必死だった。

「でも、できちゃったんです。いったい今まで何をやっていたんだろう」

会社が水太りしていたのだ。この18ヶ月間で脂肪をすべて捨てて筋肉質にしたに過ぎない。ただ、それだけである。野口は、それまで自分がやってきた事は社長の仕事じゃなかったことに気付いた。それまでは、かわいくて素敵なものを売ればいいと思って仕事をしていた。まさに美味しいとこ取りで、楽しい事しかやっていなかった。女性なら誰しも野口のことがうらやましかったに違いない。しかし、それは社長としての仕事ではなかったのだ。

「その一番苦しかった2年間で、本物の社長になった気がする」

なりゆき社長だった野口が、会社の危機を経験し、本物の社長へと成長を遂げた期間だった。

ワコールとの提携　～経営者としての選択～

2006年5月。ピーチ・ジョンと婦人用下着最大手ワコールとの資本業務提携が発表された。野口は、正二が保有していた49％の株式をすべてワコールに売却する決断を下した。残りの51％は野口がそのまま保有する。正二は会長職を退いた。

黒のノースリーブのドレスに身を包み、発表の場に姿を現した野口。ピーチ・ジョンが次なる経営局面に入り、彼女の表情は自信と喜びに満ちあふれていた。

資本業務提携は、ワコール側からのアプローチによるものだ。ワコールは多様化する顧客ニーズに対応するための経営戦略を模索していた。ヤング層・ヤングキャリア層の顧客を多く持つピーチ・ジョンのブランド力と企画力、そ

ワコールとの資本提携＝弱みの補完と相乗効果

	企画力	デザイン	通販	機能	品質	海外展開
PJ	☆	☆	☆			
ワコール				☆	☆	☆

れに対するワコールの技術開発力と販売力。両者の相乗効果を見込んだ提携である。

会社をさらに発展させ、事業を継続拡大させるためには必要な提携だと判断し、野口はワコールの提案を受けたのである。

そもそもピーチ・ジョンは、ひらめきや格好良さ、野口の常識にとらわれない発想から始まった。いくつかの危機を乗り越えて本物の経営者になった野口が、いつの間にか経営の王道をひた走る。

事業の本質は永続性にあり。そうピーター・ドラッカーが語るごとく。これまでは「顧客の創造と継続」に腐心し「顧客満足」を重要視してきた。そして今、利潤をあげるべく「経営資源の機能別選択と集中」という決断を下したのだ。

今後は、ワコールとともに、新業態店の開発や海外進出

ワコールとの提携発表記者会見に現れた野口（2006年5月）

などの事業展開を具体化させていく予定だ。今後2～3年で年商300億円に到達することを目標とする。世界進出が本当に近づいた。ピーチ・ジョンの可能性が広がった。

野口流のこれから

バランス経営　男性力と女性力を上手に生かす

「女性だからということで苦労したことはない」

日本の働く女性が一度は口にしてみたい、何ともうらやましい台詞を、野口はあっけらかんと口にする。

本当に仕事をしようと思ったら、女性も男性も関係がない。身体障害者だって、仕事でアウトプットすればいいし、稼げばいい。男性社会で「差別された」などと自分から言ってしまうような女の子にはなってほしくない。

確かに、会社員としては男性の方が向いている場合が多いのではないかとは思う。男性は会社に逆らわないし、文句も言わない。朝から晩まで働くし、会社に対しての忠誠心は男性の方が断然高い。

「女性がうまく会社の中で生きていくためには、男性の価値観をよく理解すること。その上で女性らしさを生かしながら仕事をしていく必要がある」

野口はそう女性たちにアドバイスしている。男性の価値観を理解しないと、差別されているという意識になっていくもの。それでは仕事がつまらない。ピーチ・ジョンはブラジャーを売っている会社だから、その点では女性の方が断然有利だ。野口は、経営者としての「男性力」と、商

「女性がうまく会社の中で生きていくためには、男性の価値観をよく理解すること」

「経営者としての『男性力』と、商品企画やＰＲなど感覚的なものに秀でた『女性力』」

品企画やPRなど感覚的なものに秀でた「女性力」とをうまく使い分けていると言ってよい。

最近では男女差別をしない会社が増えている。身体障害者も差別しない。本当に会社をもうけさせてくれる人だけを優遇する。それが本当の成果主義だと思う。女性が会社を選ぶならそんな会社にすべきだ。

ただ、女性は会社員になるより、起業したほうがチャンスはつかみやすい。もちろん、起業にはリスクも伴うし簡単ではない。しかし、女性が自分を生かすことのできる分野は会社員でいるより見つけやすいはずだ。アウトソーシングも増えているし、チャンスは多い。

「今が女の正念場。女性にとって最高のチャンスが開けています。真価が問われるのはこれから3年くらい。次の世代の女性たちのためにも頑張らなきゃいけない。今踏ん張らないと、また女性はダメだと言われてしまう」

死ぬまで走り続けたい 強くて素敵な女性のために

社長として毎日を忙しく生きる野口。若いころと比べたら信じられないくらい自由にお金を使える今、稼いだお金を社会に還元したいと思うようになった。

「教育にお金を使いたい」

才能を見つけて投資をしたい。自分の持っているノウハウを後輩たちに伝えたい。尊敬する人は、マザーテレサとFOXEYオーナーデザイナーの前田義子だ。素敵な女性たちの生き方を若い女性たちに伝えて、躊躇《ちゅうちょ》している女性の先行馬になりたいと言う。

日本女性は「自立心」という点でまだまだ弱いところがある。それは、経済的な自立でもあり精神的な自立でもある。今、日本は少子化が進み、皆子供を産まなくなってきている。「この人の子供なら産んでもいい」って思ったり、「自分が育てるからいいや」って思ったり、そんな懐の深い、強い女性がこれからの日本には必要だ。

野口は、そんな女性のためのライフスタイルを提案していきたいと言う。強いけど色っぽい。色っぽいけど強い。そんな魅力ある女性を増やしていきたい。強くて、セクシーで、かわいい女性のためのライフスタイルを提案したい。モットーは、あくまでも「元気・ハッピィ・SEXY」だ。

「せっかく女も稼げる時代になったのだから、男に頼って生きる必要はないじゃない？」

この潔さが気持ちいい。だから女たちは納得して野口の後をついていくのだろう。

3つの成功ポイント

①常識にとらわれない

ミーハーで常に時代の風に敏感である

②がむしゃらに一生懸命

今の自分に必要なことを謙虚に学んで努力する

③使い分けバランス経営

男性力と女性力を見極めて生かす

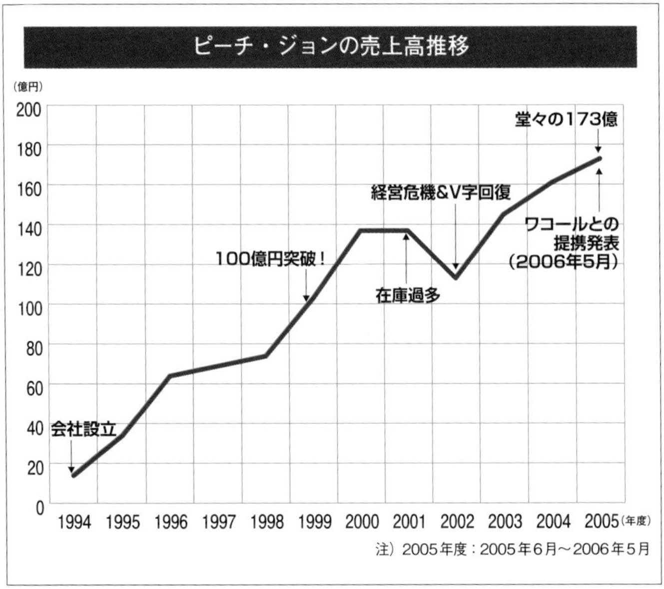

会社名	株式会社ピーチ・ジョン
上場	非上場
事業内容	婦人下着等各種衣料品の通信販売および店舗販売 (直営店19店舗)
本社所在地	東京都渋谷区神宮前6-17-11 菱進原宿ビル 4F・8F
設立	1994年(平成6年)6月1日
代表者	代表取締役社長　野口　美佳(のぐち　みか)
資本金	9,000万円
社員数	約140人
売上高	173億円
URL	http://www.peachjohn.co.jp

2006年7月1日現在

女性らしさで成功をつかむ

アパホテル株式会社
取締役社長 元谷　芙美子

「女性らしさ」を生かす戦略

男性と同じ土俵で争わない

「ジェンダー論を振りかざすより、男性を尊敬できる広い心を持ちたい」

元谷芙美子（アパホテル株式会社取締役社長）は言う。女性経営者の中には、男女の性差を意識することを極端に嫌う者もいる。元谷は違う。男女の性差を厳然たる事実として受け入れている。

性差をハンディととらえるか武器ととらえるかで、女性の生き方は変わる。元谷は後者を選んで成功をつかんだ。

男性には男性の強さがある。女性が男性と同じ土俵で勝負するのは得策ではない。むしろ、男性にはない女性らしさを前面に押し出して、時には男性の力も借りて、女性ならではの舞台で主役を張る。これが元谷の人生の戦略だ。

身体を張って広告塔になるという戦略

アパグループは、元谷の夫、外志雄が代表を務める企業グループである。1971年、石川県の信用金庫に勤めていた外志雄が、信金から分離独立する形で創業した住宅販売会社が前身だ。

アパの名前が一躍有名になったのは1997年。アパホテルが東京と大阪に進出する際に展開した広告がきっかけだった。派手な帽子をかぶった元谷の新聞広告や中吊り広告は、誰の目にも鮮烈な印象を与えた。

「美人じゃないことで有名になりました」

自社ビルの屋上看板（東京都港区赤坂）

と元谷は笑う。広告に対する苦情も殺到したと言う。

派手な姿をさらしたのは、元谷が厚顔無恥だからではない。自らが身体を張って広告塔になるというしたたかな戦略だった。この戦略の裏には、「トップの顔が見える企業をつくる」という元谷の信念があった。東京の赤坂見附にある自社ビルの屋上にも、帽子をかぶった元谷の大看板が掲げられている。今では苦情を言う者はいない。そして、アパホテルといえば、誰もが派手な帽子をかぶった元谷の顔を思い起こすようになった。元谷の身体を張った広告戦略が成功したのだ。

「女性らしさ」でホテル部門を立て直す

アパグループのホテル事業進出は1984年。金沢市内に第1号のホテルを開業し、その後10年間で8棟に増やしている。

当時は、元谷の夫である外志雄がグループ代表とホテル部門の社長を兼務していた。アイデアマンの外志雄は、自動チェックイン機などの新しい設備を取り入れて集客を試みた。しかし、売り上げは思うように伸びず、ホテル部門の業績は低迷していた。

ホテル部門の立て直しのために外志雄が考えた打開策、それが妻、芙美子の社長就任だった。アパグループの営業本部長として、マンション販売の最前線で営業部隊を率いていた妻のコミュニケーション能力とサービス精神に、ホテル部門の再建を託したのだ。

社長に就任した元谷は、まず、どんなホテルを目指すべきかを考えた。全国へのチェーン展開を前提として、スケールメリットを追求することを目論んでいたが、普通のビジネスホテルでは競合他社との差別化は図れない。そう考えた元谷は、顧客の視点に立って徹底的にサービスを見直した。その結果、「花ごころのおもてなし」というコンセプトを打ち出す。出張族のビジネスマンに女性らしい優しさと心遣いを提供しようというアイデアだ。

フロントには積極的に女性スタッフを採用し、各部屋の枕元には折鶴を置くなど、ハードとソフトの両面で、随所に女性的な優しさを演出する工夫を凝らした。さらに、充実した朝食メニューや飲料サービス、キャッシュバック・キャンペーンなど、主要顧客である出張族のビジネスマンの視点に立ったサービスを次々と展開した。

立地や施設にもこだわった。どのホテルもビジネス街の駅近くに建設し、できる限り天然温泉の大浴場を備えた。エントランスホールの装飾はビジネスホテルとは思えないほど凝った。

昔ながらの駅前旅館のような便利さと温かさに、シティホテルのようなおしゃれな雰囲気も持たせ、「今までありそうでなかったカテゴリーのホテル」を実現した。

「花ごころのおもてなし」というコンセプトと同時に、「3B・4S」という重点管理ポイントも掲げた。3Bはベッド・風呂・

従業員手づくりの折鶴がお客様を迎える

朝食、4Sはスピード・誠実・安全・スマイルである。わかりやすいコンセプトとわかりやすい管理ポイントを掲げ、従業員にサービスの向上と均質化を働き掛けた。対外的にホテルのポジションを明確にアピールすることにもつながった。

1994年の元谷の社長就任後、ホテル部門の業績は急速に改善していく。アパホテルは、今ではアパグループ全体の稼ぎ頭になっている。

家族経営で役割分担

夫が計画、妻が実行

アパグループの特徴は家族経営にある。従業員は1,300人、売り上げは700億円を上回る企業グループに成長したが、上場は考えていない。株はすべて家族で所有している。

「事業のリスクは家族で負うべき」

というのがグループ代表である外志雄の持論だ。

アパグループの経営基盤は、家族という信頼関係の上に成り立っている。これはユダヤ商人や華僑に倣った考え方である。今では2人の息子も経営陣に加わった。家族という100%信頼できるパートナーだからこそ、ビジネス上での明確な役割分担が可能となる。経営面からは、外志雄を最高経営責任者（CEO）、芙美子を最高執行責任者（COO）と見ることができる。

もともと銀行マンで、数字に強く情報収集にも長けている外志雄は、常に金利や国際情勢、他産業の動向を見ながらグループの経営方針を打ち出している。夫が描いた事業計画を実現するために、元谷は社長としてホテルのコンセプトを構築。合わせて、自ら営業の最前線に立って辣腕を振るっている。ホテルやマンションの営業・サービスの現場では、元谷のコミュニケーション能力とサービス精神がフルに生かされている。

社長に就任した当初は、金沢の主要企業に連日のように自ら飛び込み営業を掛けたという。今でもグループの「顔」として、テレビ番組出演、CM、広告などの仕事はすべて元谷がこなす。外志雄が顔を出すことはない。

最前線を任せられる元谷という実行部隊長がいるからこそ、外志雄は作戦本部でグループ全体の経営方針立案に専念できる。

アパグループの事業拡大と多角化は、夫の外志雄一人だけでは成し得ないし、妻の芙美子一人だけでも成し得ない。夫が戦略的な計画を立て、妻が計画に沿って戦術を練り実行に移す。信頼できるパートナーとの明確な役割分担、夫婦二人三脚の経営がグループの成長を支えているのだ。

「元谷という実行部隊長がいるからこそ、外志雄は経営方針立案に専念できる」

家族の中で身に付けた処世術で組織を統率

元谷のコミュニケーション能力とサービス精神、社長としての人心掌握術は、生い立ちの中で培われたものだ。

元谷は1947年に福井県福井市で生まれた。父は印刷工場に勤めるサラリーマン。見習いの印刷工から努力を重ねて工場長になった苦労人だが、明るくて前向きな性格で周囲からの人望も厚かった。元谷の天真爛漫で前向きなところは父親譲りだという。

元谷は大学進学を目指していたが、高校3年生のときに

「自分が上司を尊敬していることを下に見せる」

父が病に倒れ、家計が貧窮したため大学進学を断念。地元の信用金庫に就職する。信金では連日残業で営業に明け暮れていた。夜討ち朝駆けや飛び込み営業などの度胸はこのとき身に付けた。

信金時代に外志雄と出会い結婚。長男の嫁として外志雄の実家に入る。当時はまだ昔ながらの家族制度や価値観が色濃く残る時代だった。家長である夫を立て、姑にも一切口答えせずに仕えた。その姿勢が気に入られて姑から可愛がられ、親戚からも認められた。

長男の嫁としての体験から、厳格な上下関係や規律によって組織を統率するという術を体得した。この組織統率術が、経営者となった今、役に立っている。

「自分の部下に尊敬してほしかったら、自分が上司を尊敬していることを下に見せればよい。ウチの場合は、私が代表（外志雄）を尊敬していることを皆に見せる。そうすることで社員が私を立ててくれる」

本書の執筆に当たって行った元谷へのインタビューでも、そこに同席した外志雄を立てていた。インタビューでは、どんな質問にもまずは外志雄が答えた。決して元谷から口を開くことはない。外志雄が答えた後で、その意向に沿ったコメントを付け加えるというパターンの繰り返しだった。

インタビュー開始から1時間。元谷自身の言葉を聞けないもどかしさとともに、「元谷は外志雄の演出による広告塔に過ぎないのか？」という疑念が頭をもたげ始めた。

そんなとき、外志雄が中座する。すると堰を切ったように元谷は冗舌になった。外志雄の前では、あくまでも外志雄が第一である姿勢を崩さないだけだったのだ。その後、ホテル経営に賭ける熱い思いを語る元谷の独演が始まった。

元谷は単なる広告塔ではなかった。人生経験に裏打ちされた哲学をもとに、独自のコンセプトを打ち出して従業員を統率する経営者の顔が現れた。

成功のカギは明確な目標と計画

創業時の目標は「10年後に100億円」

アパグループの成功のカギは、明確な目標設定と事業計画の立案にある。創業当初から明確な目標を設定し、目標を実現するために中長期計画を立案、実行してきた。

創業時に掲げた目標は、「10年後に年間売り上げ100億円」というもの。この目標に対して、10年間の長期計画を立て、さらに前半・後半に分けた5年間の中期計画を立てている。

実は創業時の目標は達成できなかった。創業10年目の売り上げは約80億円。しかし外志雄は、最初に大きな目標を立てたのがよかったと思っている。もし最初の目標がもっと小さかったら、その小さな目標にも到達できなかっただろう。

成功する企業は、例外なく、明確な目標と計画を持っている。目標もなしに、行き当たりばったりの経営をして成功を収めることはあり得ない。

明確な目標で自らを鼓舞する

ホテル部門では、「2005年度までに客室1万室」という目標を掲げていた。この目標は2004年度に前倒しで達成。その後は、新たに「2008年度までに客室2万室」という目

「最初に大きな目標を立てる」

「金沢のままでは、売り上げ一千億円は無理ですからね」

標を掲げた。常に明確な目標を示すことで、社外的にはグループの成長をアピールし、社内的には従業員のモチベーションを高めている。

しかし、明確な目標を掲げることで最も影響を受けるのは、実は経営者自身である。目標を内外に示すことは、退路を断ち自らを鼓舞することにつながる。

車が好きな外志雄は、こんな例え話をする。

「事業成功の秘訣は計画性。車なら、速く走るときには遠くを見る。時速50キロなら500メートル先を見る。200キロなら2キロ先を見る。スピードに合わせて距離感を変えることが大事だ」

最終的な到達点と、そこに至るまでの時間を定めれば、おのずと事業拡大の速度が決まる。まずは、「いつまでに何を達成するか」という目標を明確にすることだ。そうすれば、その目標を実現するために、どんな速度で事業を拡大すればよいかという計画も決まってくる。後は、計画に従って、適切な距離感で事業をコントロールしていけばよい。

計画に沿って本社も移転、トップを目指す

事業の拡大に合わせて、本社も計画的に移転している。創業地の小松から金沢を経て、1985年には東京に進出。バブル崩壊の前後には一時事業を縮小し、東京に置いた本社を金沢に戻すが、2002年には再び本社を東京に移転。赤坂見附に自社ビルを取得した。

「金沢のままでは、売り上げ1,000億円は無理ですからね」

元谷はサラリと言う。長期的な目標と目標を実現するための計画が明確だから、事業展開に迷いがない。

アパグループのホームページには、2013年度までの事業

目標が公開されている。2013年度の目標は、マンション供給1万戸、売り上げ3,000億円である。マンション供給戸数目標は、現在業界№1の大京観光（2005年度7,218戸）を上回る。売り上げ目標も大手デベロッパーと肩を並べる規模だ。ホテル、マンションなどの都市開発事業で国内トップレベルを目指していることを公言している。

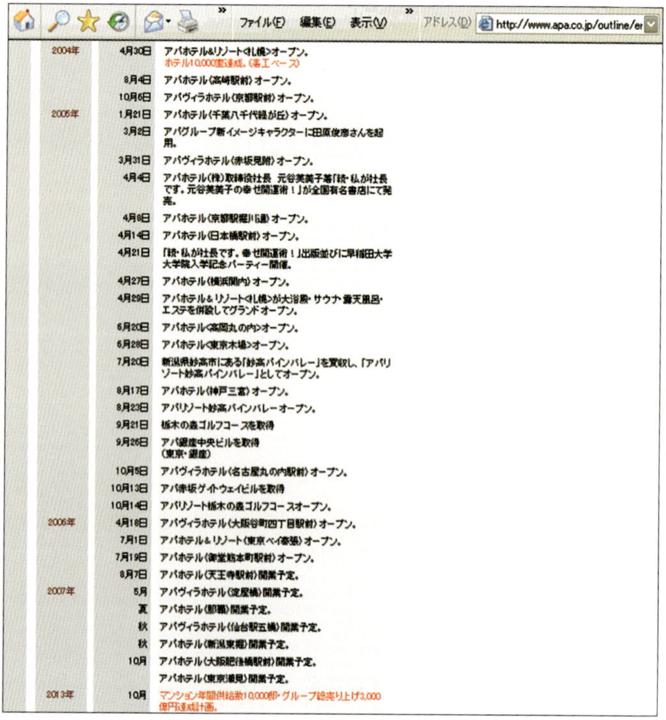
ファイル(F) 編集(E) 表示(V) アドレス(D) http://www.apa.co.jp/outline/er

2004年	4月30日	アパホテル&リゾート<札幌>オープン。ホテル10,000室達成。(着工ベース)
	8月4日	アパホテル〈高崎駅前〉オープン。
	10月6日	アパヴィラホテル〈京都駅前〉オープン。
2005年	1月21日	アパホテル〈千葉八千代緑が丘〉オープン。
	3月2日	アパグループ新イメージキャラクターに田原俊彦さんを起用。
	3月31日	アパヴィラホテル〈赤坂見附〉オープン。
	4月4日	アパホテル(株)取締役社長 元谷芙美子著「続・私が社長です。元谷芙美子の幸せ開運術！」が全国有名書店にて発売。
	4月6日	アパホテル〈京都駅堀川通〉オープン。
	4月14日	アパホテル〈日本橋駅前〉オープン。
	4月21日	「続・私が社長です。幸せ開運術！」出版並びに早稲田大学大学院入学記念パーティー開催。
	4月27日	アパホテル〈横浜関内〉オープン。
	4月29日	アパホテル&リゾート<札幌>が大浴殿・サウナ・露天風呂・エステを併設してグランドオープン。
	6月20日	アパホテル<高岡丸の内>オープン。
	6月28日	アパホテル<東京木場>オープン。
	7月20日	新潟県妙高市にある「妙高パインバレー」を買収し、「アパリゾート妙高パインバレー」としてオープン。
	8月17日	アパホテル〈神戸三宮〉オープン。
	8月23日	アパリゾート妙高パインバレーオープン。
	9月21日	栃木の森ゴルフコースを取得
	9月26日	アパ銀座中央ビルを取得（東京・銀座）
	10月5日	アパヴィラホテル〈名古屋丸の内駅前〉オープン。
	10月13日	アパ赤坂ゲイトウェイビルを取得
	10月14日	アパリゾート栃木の森ゴルフコースオープン。
2006年	4月18日	アパヴィラホテル〈大阪谷町四丁目駅前〉オープン。
	7月1日	アパホテル&リゾート〈東京ベイ幕張〉オープン。
	7月19日	アパホテル〈御堂筋本町駅前〉オープン。
	8月7日	アパホテル〈天王寺駅前〉開業予定。
2007年	5月	アパヴィラホテル〈淀屋橋〉開業予定。
	夏	アパホテル〈那覇〉開業予定。
	秋	アパヴィラホテル〈仙台駅五橋〉開業予定。
	秋	アパホテル〈新潟東堀〉開業予定。
	10月	アパホテル〈大阪肥後橋駅前〉開業予定。
		アパホテル〈東京潮見〉開業予定。
2013年	10月	マンション年間供給数10,000戸・グループ総売り上げ3,000億円達成計画。

ホームページ上に掲載された、アパホテルの将来計画

他産業から学び、同業者との競合を回避

アパグループは、常に同業他社に先駆けた新サービスを展開している。新しいアイデアの多くは他産業を手本にしている。アパホテルでは、いち早く早割制度を導入しているが、この早割制度は、航空券の早割を手本にしたものだ。住宅販売を始めたころは、自動車産業や航空産業を手本にして居住性の向上を研究したという。

同業者のやることを真似ていては、時代をリードすることはできない。異業種から学ぶことは真似ることとは違う。常に一歩先を行く他産業をベンチマークにして事業計画を立てる。同業他社とは違う観点で計画立案することで、結果的に同業者と同じ土俵で争うことを回避している。

「同業者と同じ土俵で争わない」というアパグループの経営戦略は、「男性と同じ土俵で争わない」という元谷の人生戦略とも重なる。

「私は争いを好まない。争わないためには、争う前に勝つことです」

と元谷は語る。時代を先読みして、「争う前に勝つ」。この戦略で勝ち続けるためには、経営者の努力が欠かせない。常に情報収集と分析を怠らず、学び続ける姿勢が必要だ。

常に前向きで人に優しく、そして「女性らしく」

前向きに学び続ける

元谷は、2001年に法政大学人間環境学部に入学。卒業後は早稲田大学大学院に進学して公共経営学を学び、

2006年には晴れて修士号を取得した。

「勉強は一生続けていきたい」という。「争う前に勝つ」経営者たるために、学び続けることを自らに課している。「学ぶ姿や努力する姿を生き様として示したい」とも思う。常に前向きに学ぶ姿を示すことが従業員教育にもつながると元谷は考えている。

人に優しい環境経営

「人間を癒やせるのは人間だけ」

そう語る元谷のモットーは「人に優しい環境経営」。長年、人をもてなすビジネスを続けてきた元谷にとって、「環境問題」といえば、自然環境よりも人間環境だ。大学・大学院で学んだ環境問題と経営者としての経験を融合させて、独自の経営哲学を確立している。

この経営哲学は、従業員の雇用面でも実践されている。例えば、既存のホテルを買収して傘下に収める際には、全従業員を継続雇用する。会社が従業員に対して優しい経営をすれば、従業員の会社に対する信頼感が高まる。従業員が会社を信頼すれば、やる気も出て、おのずと個々の仕事

早稲田大学大学院　修了証書

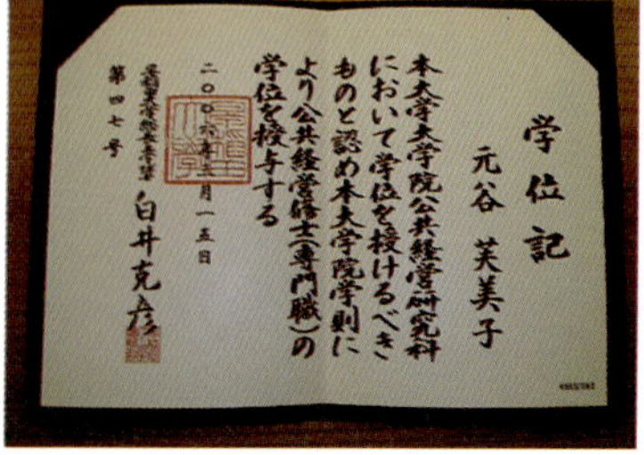

の質も向上していくという考え方だ。

元谷は、従業員に対しては母親のような意識があるという。社員には進んで気さくに声を掛ける。アパグループの社員にとって、元谷は優しい母親役なのかもしれない。夫の外志雄は厳格な父親役。この2人のキャラクターが社内に家族的な雰囲気をつくり、従業員の忠誠心を形成している。

これからも「女性らしさ」を生かす

2005年12月には日本最高層の幕張プリンスホテルを取得。2006年7月1日にアパホテル&リゾート〈東京ベイ幕張〉としてオープンさせ、グループ創業35周年の記念事業とした。

「縁あって社長になりました。やるからには全うしたい。『能ある鷹は爪を出せ』と代表（外志雄）からも言われています」と元谷は意欲的だ。

アパグループは、本格的なリゾート事業にも乗り出している。リゾート部門の会長には元谷が、社長には元谷が選んだ女性が就任した。ホテル部門では、すべての支配人を女性にするという構想もある。

元谷は言う。

「優秀な女性が結婚して、子供を生んで家に入ってしまうのはもったいないこと。男性らしさ、女性らしさを大切にしながら働ける環境づくりが必要です。社会に貢献することに喜びや使命感を持って、たくさんの女性達と一緒に歩んでいきたいと思います」

アパグループの成功は、元谷外志雄・芙美子の夫婦二人三脚で築き上げたものだが、元谷の「女性らしさを生かす」戦略がグループの発展に与えた影響は少なくない。今後さらに事業を拡大していく場面では、「人に優しい環境経営」という元谷の哲学のもとで、より多くの女性が女性らしさを生かして活躍することだろう。

3つの成功ポイント

①女性らしさを生かした戦略

花ごころのおもてなし

②夫婦間における経営上の役割分担

夫の戦略的計画と妻の戦術的実行

③情報収集と分析

時代を先読みして「争う前に勝つ」

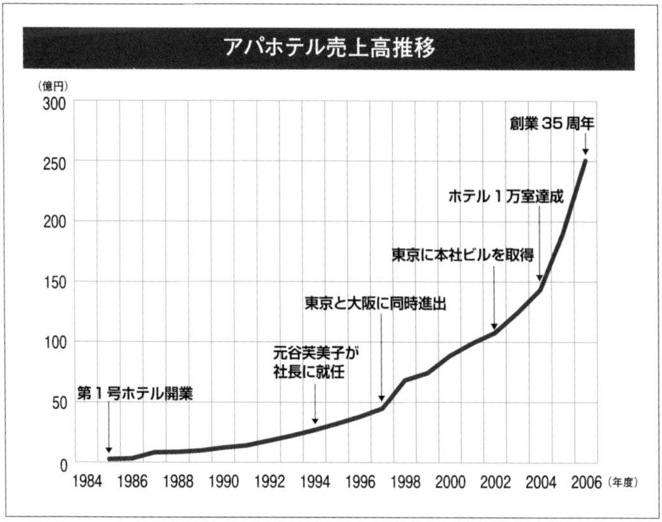

会社名	アパグループ
上場	非上場
事業内容	ホテルとマンションの総合都市開発事業
本社所在地	東京都港区赤坂3-2-3
設立	1971年（昭和46年）4月1日
グループ創業	1971年（昭和46年）5月10日
代表者	代表　元谷　外志雄（もとや　としお） 社長　元谷　芙美子（もとや　ふみこ）
資本金	27億8,200万円
従業員数	1,352人
売上高	725億円（2005年3月期）（連結）
URL	http://www.apa.co.jp/

2006年5月1日現在

母のように、姉のように

ブックオフコーポレーション株式会社
代表取締役社長兼 COO 橋本　真由美

ブックオフという会社

ほとばしり出た一言

一瞬耳を疑った。いったいなぜ。

「株式公開って、まず創業社長様や役員様がもうけることなんですよ」

1999年7月、600人の社員・スタッフが集まった経営計画発表会でのことであった。来賓として出席した当時の主幹事証券会社が、目の前で株式公開について、そうぶち上げているではないか。違う、そうじゃない。公開は創業社長や役員がひともうけするためではない。ずっとみんなにそう言い続けてきたのに……早く反論しなければ。絶対に許せない。

どきどきしていた。水を打ったように、会場はしんと静まり返っている。やがて、紅潮した面持ちの橋本真由美（当時、取締役）が壇上に上がった。

「株式公開とは、創業社長や役員がもうけることではない、と私は思います」

凛とした力強い声が響き渡る。気を鎮めて放った、矢のような一撃のセリフ。

次の瞬間、拍手が会場を包み込んでいった。

会社を辞めることになるかもしれない。「それでもいいか」と橋本は思った。が、緊張と安堵が交錯し、がたがたと震える。そのとき橋本は見た。真下に陣取る坂本孝（当時、代表取締役社長）が目を潤ませて拍手している。言ってよかったんだ。坂本の見せた安堵の表情が胸に熱かった。

あの一言にブックオフ社員としての全存在を賭けたと、今、述懐する。坂本の片腕と言われてきた橋本は、主幹事証券会社を否定する重みを知り尽くしていたからである。

成長の軌跡

1990年5月、神奈川県相模原市に中古書店「BOOKOFF」直営1号店（以下、1号店）が誕生した。翌年にはブックオフコーポレーション株式会社（以下、ブックオフ）として法人化し、以降、「BOOKOFF」の国内フランチャイズ展開と各種中古品業態の開発・運営を中心に事業を拡大している。

2000年5月に「BOOKOFF」500店舗を達成。2006年6月現在では同864店舗（直営213、関係会社81、加盟店570）と、全国的に順調な展開を見せてきた。海外にも進出した。ホノルル、ニューヨーク、ロサンゼルス、パリ、バンクーバーに計8店舗を展開中である。日本語書籍を輸出するのみならず、現地で中古書籍の買い取りも行っている。

2004年3月、東京証券取引所第二部に上場を果たす。続いて2005年3月、東京証券取引所第一部に指定変更となった。

「山びこ方式」がお客様を呼ぶ

革新的な古書店像をつくりあげたブックオフは、書店や出版社はもちろん、他業態の小売店にも強い影響を与えている。例えば、今やさまざまな小売店でなじみ深い「山びこ方式」と呼ばれる挨拶も、ブックオフから始まったものだ。

「いらっしゃいませー、こんにちはー」

今ではあちこちで聞かれるようになった、店員がお客様へ相互に挨拶を掛け合う元気な声。コンビニエンスストアや飲食チェーン店、美容院チェーン店など、さまざまなバリエーションで展開されている。

成長の方程式

娘の学費の足しになれば……初めは軽い気持ちで

1990年4月、橋本はほんの軽い気持ちで1号店のパートに応募した。結婚後18年を経ていたし、成長した娘たちの学費の足しになればよい。それくらいの気持ちだった。ここならご近所だし、自転車通勤ができる。

この主婦のどこに、それから花開く能力が眠っていたのだろうか。やがて、坂本という名伯楽によりその能力が引き出され、豊かなキャリアが築き上げられていく。1991年1月、パートのままで新しくオープンする2号店店長に抜てきされた。同年8月には正社員として、改めてブックオフに入社する。3年後の1994年8月に取締役就任。2003年6月には常務取締役に昇格し、営業部門総括を担当。そして2006年6月、代表取締役社長兼COO（最高執行責任者）に就任した。

世間からはよく、パート主婦から社長にまで駆け上がったシンデレラともてはやされる。「パート主婦の星」と言われることもある。しかし、実際の橋本は、誰にも負けない努力を積み上げてここまで来た。

いつしか仕事の虜に

1号店に採用されたものの、人もモノもカネも、まるでそろっていなかった。創業店長の坂本のほかは、パート主婦とアルバイトのみ。素人ばかりだ。マニュアルと言えるものも何もない。すべてをゼロから手探りでつくらざるを得なかった。

経営コンサルタントからは、素人集団での中古書店展開は無理だと言われ続けた。だが、きれい事では自分たちの給料も出ない。これ以上はない切迫感の中、主婦の橋本は店づくりに夢中になっていった。

どのような店をつくればよいのか。ヒントは坂本が出した。坂本は、オーディオ機器販売店や中古ピアノ販売店など、さまざまな事業を経験していた。そこでつかんだ経験の中に活用できるノウハウがあるかもしれない。

「ブックオフの現場にどう落とし込めばいいと思う」

坂本が問う。後は橋本らスタッフで考え抜く。スタッフ

パート時代の橋本（1991年）

に徹底的に議論をさせて、坂本はそれを見守るのが常だった。

本の見分け方や査定方法、棚づくりなど、夜が更けるのも忘れて考え続ける。いつの間にかスタッフの中でも橋本が一番、無から有をつくりあげていく魅力の虜になっていた。

本をお売り下さい

「『本を買い取ります』っていうのは、何かおかしいんじゃない」

中古書店では、昔からどこでも見られる普通のキャッチコピーだ。だが、橋本にとっては高飛車な印象が強すぎて、我慢がならなかった。

坂本は、近隣の生活者から読み終えた本を買い入れ、商品として販売することを考えていた。橋本はこう思った。

「ご近所の方から本を売っていただくのだから、『本をお売り下さい』じゃないの」

しかも、スタッフには古書一般の価値がわからない者が多い。「価値」がわからなくて、「買い取れる」道理はないと考えた。坂本やスタッフとも積極的に意見を交わしながら、有名な「本　お売り下さい」のキャッチコピーがこうして決まる。

古本屋の3K　〜暗い、臭い、汚い〜

「古本屋は、暗い、臭い、汚いから、テナント出店はダメ。コンビニなら貸せるけどね」

１号店の出店に際して、実は大家からこのようにきつく言われていた。坂本は、どうすればよいかスタッフに問い掛ける。

「コンビニならいいのか。じゃ、うちの店をコンビニのようにすればいいのね。店内照明を思い切り明るくして、きれいにすれば」
と、橋本は思った。

坂本も、かねて近くで大繁盛していたコンビニエンスストアのイメージを温めていた。明るく、輝くような商品と店内が、坂本の心をとらえて離さない。ほかのスタッフとも話し合って、こう結論を出した。

照明はコンビニのように明るくする。床はいつもピカピカに磨いておく。大型空調機も入れよう。臭いニオイは追放だ。「クリーンさ」を店の命とすることに決めた。

1号店は当時、夜12時までの営業であった。店の明るさは遠目にもはっきりとわかる。これなら深夜、都心から帰ってくる女性でも入りやすい。きれいな店舗にすれば、立ち寄る人が増えるだろう。1号店が地域へ根付くのに、そう時間はかからなかった。1号店を開店して16年が経つ。このときにつくられた店の骨格は、今も変わっていない。

どうぞ中身を確かめて下さい

「お客様にとって良いこと」

橋本の視点は当時から徹底している。スタッフとの打合せでも一貫してこのことを説いていた。もし自分が買う立場だったら、中身がきれいかどうか、確かめたくなるだろう。どれだけ表面がきれいで価格が安くても、好きな作家であっても、中に書き込みがあったり、破れたりしていれば幻滅してしまう。

だから、コミック本にも漫画本にも、ビニールカバーを掛けないほうがよい。そう思った。中身を確かめることができるのであれば、立ち読みOKということにもなる。これまでの中古書店では、コミック本と漫画本は中身をのぞけないのが普通だった。既成概念をひっくり返す発想である。

この販売方法を成り立たせるには、きれいな中古本を近隣消費者から買い続けていくことが不可欠だ。お客様が安心して買うことのできる中古本がそろうことで、お客様からの信頼も増していく。リピーターの数が目に見えて増えていった。

マニュアルこそすべてだ

店づくりが一段落すると、すぐに手順のマニュアル化に着手した。坂本の胸には、創業直後から中古書店をチェーン展開する構想があった。言うまでもなく、多店舗展開にマニュアルは不可欠だ。だから、皆で額を寄せ合って決めてきたことはすべてマニュアルに落とし込むようにと、坂本は常々スタッフに指導していた。

スタッフでも年長の橋本が中心となって、少しずつ整理していった。1990年当時だから、すべて手書きだ。もちろん、まだマニュアルと呼べるようなものでもなかったという。しかし、ここでつくられたものが原型となって、860を超える店舗で現在使われているマニュアルへと発展することになる。

加盟店オーナーの胸の内

橋本は、フランチャイズ展開にも携わった。加盟店1号店がオープンしたのは1991年11月。今でこそブックオフへの加盟希望者は多いが、当時は知名度も低い。そんな時期にブックオフへの加盟を希望する店舗には、大きな特徴があった。

1991年といえば、ちょうどバブルが崩壊した直後である。オーナー希望者の多くは、苦しい事情を胸に秘めていた。ブックオフにワラにもすがる思いでやって来る。研修の最初に行うオーナー面談で、橋本はブックオフ加盟店に応募した事情をじっくり聞いていく。

「事業に失敗し、ふとんに入る前に、このまま目が覚めなければどんなに楽か、と何度思ったことか」

「電話におびえる毎日を過ごしています。土曜日になれば銀行の返済催促もなくなるから、やっとほっとできる」

オーナー希望者の苦しい胸の内や切々とした語りに、橋本は何時間もじっと耳を傾ける。

「苦しい胸の内や切々とした語りに、何時間もじっと耳を傾ける」

店長候補者のプライド

続いて加盟店店長候補者との面談に臨む。たいていの店長候補者は、ブックオフに加盟した事情をオーナーから詳しく知らされないまま面談を迎える。

「このオレが、何でホコリだらけの古本屋の店長なんだ」

最初は突っぱねる人がほとんどだ。これまでは新品の電気製品や紳士服を売っていた。それが、一転して中古書店の店長だ。気持ちのわだかまりも捨てきれずにいる。橋本は、説明することから始めていく。

「そうじゃないの。あなたは何も知らない。実はオーナー様はこういう気持ちをお持ちですよ。嫌なら辞めていくしかないが、みんな家族もあるし、会社をつぶすわけにはいかないでしょう」

海に飛び込みたいくらいに追い詰められているオーナーの苦境も、すべて本音で話していくと、やがて泣きながらわかってもらえる瞬間があるという。店長候補者の心境が変化したことを確認して初めて、ブックオフのマニュアルを一気に伝えた。

そしてハードな店長導入研修が続く。説得を受けてブックオフを成功させようと決心はするものの、店長候補者は皆、体がついていかなかったという。研修ではいつも、途中で体調を崩す受講者が続出した。それほど激しい内容だった。生半可な覚悟では、研修を完遂できない。

「1週間で店長に仕上げなければ、加盟店がオープンできない」

橋本もその一心で、研修講師として何時間も指導に当たった。

中古子供用品事業の立ち上げ

1999年から2000年にかけて、ブックオフは子供用品のリユース事業を立ち上げた。経営の第2の柱とするためである。

当初、手順は中古本用のマニュアルと同じでよい、商品が異なるだけだと安易に考えていた。ところが、やがて取扱商品の範囲が広いことに気が付く。ほ乳瓶もあれば、おんぶ紐もある。おまるもあれば、ベビーカーもある。しかも、本のように定価がわかる状態のものは、まずない。

ベビーバスの湯あかを落とすだけでも、結構な時間がかかる。単調な作業に、大人が汗を流して取り組む。それで、値段は高くて700円程度だ。思いもよらぬオペレーションの複雑さと生産性の低さに戸惑った。

おもちゃも難しかった。細かい部品が欠けていないか、買取り時に細かくチェックする。新しい電池と交換し、きちんと作動するかもすべて調べなければならない。30円でお客様から購入しても、非常に手間ひまをかけて300円程度でしか売れない。

人材配置の重要性に気付く

粘り強く試行錯誤を繰り返し、何とかこれらの問題を克服していった。しかし、中古子供用品事業の業績は上がらない。むしろ、立ち上げに手間取ったことが原因で、ブックオフ本体にも悪影響を及ぼし始めていた。

橋本は、ここで重大な問題点に気付く。事業不振の原因はオペレーションにあると思い込んでいたが、実は人事にあったのではないか。

社内的には第2の柱と言いながら、そこにはエース級の人材を配置していなかった。本体から配転させられた社員のモチベーションが下がってしまっていたのだ。スタッフの

モチベーションを向上させ、維持させることができるかどうかで事業の成果が決まる。これがリーダーとして押さえるべき課題なのだと、橋本は開眼する。

以来、新規事業には、必ずエース級の人材を投入することが鉄則となった。中古子供用品事業も人材を入れ替えた途端に、順調に稼働し始めた。

このことがきっかけで、橋本は業績不振店の再建に志願して飛び込んでいくようになる。現場でスタッフを説得し、一緒に苦労しながら解決していかなければならないことに気付いたのである。

「会社をつぶしてもいいのね。あなたたちのために会社の業績がまずくなった、と思われたくないでしょう」

厳しい口調で叱咤激励することも多かったが、もちろん口で言うだけではない。自ら店舗にも立つ。スタッフと一緒になって現場で必死に働いた。つらい役目もあえて負った。大量に人を入れ替えた。辞めてもらった人もいる。方針が合わずに去っていく人もいた。心が痛むことも多く、橋本にとって大変に苦しい時期となった。

しかし、坂本から多くを任された以上、途中で投げ出すわけにはいかない。現場指揮・人事・コスト管理と、全国の不振店を立て直すために奔走した。

ブックオフを支える
ビジネスモデル

きれいな本と新しい本

本を買い取る基準として、簡単かつ標準化されたブックオフ独自の買取り価格表がある。ブックオフにとって本の買取り基準は2種類しかない。きれいな本か新しい本か。書き込みのある本は、値を付けられないからお断りする。従来の古書店とはまったく異なる発想である。

売っていただく中古本を、その場ですぐに、特A、A、B、C、Dの5ランクに分類して値付けする。きれいで新しい本

は、定価の1割を基準とした価格で買い取る。その値段でも、読み終えた本を売りたい人には助かるものだ。

仕入れた本を紙やすりや機械で磨き上げ、表紙をきれいにふき上げる。現場のスタッフが手作業でクリーニング加工し、中古本の付加価値を高めていく。生まれ変わった中古本が整然と棚に並べられる。いずれも、きれいで暖かみがあるものばかりだ。

明快、安心の価格設定

リユース価格の設定も、誰の目にもわかりやすく、納得のいく基準をマニュアル化した。値付けの基準と同様、本の内容や古書としての価値に基準を置いてはいない。

まずは、平均して新刊書定価の半額程度に設定する。そして、3ヶ月経っても売れなかった、あるいは在庫が5冊以上になった場合は、一律105円（税込）で販売する。人気作家だろうと、新刊だろうと関係ない。売れなければ、値を下げる。

欲しかった本がきれいな状態で、しかも手軽に手に入る。種類も豊富にある。わかりやすく簡単なビジネスモデルが、消費者の心をがっちりとつかんだ。

経営者の器量

豊かなキャラクター

橋本の魅力は、多面的な人間要素を併せ持つことだ。人間としての引出しが多い。

私生活では2児の母であり、妻としての顔がある。会社では、東証一部上場企業の経営者として全国の店舗経営を指導する姿がある。そして店舗では、リーダーの顔に一変する。

特に、リーダーとしての橋本の動きは手本とすべきだと社内でも言われている。現場の大切さを知り、仲間のために汗を流すことが尊いと心底思える橋本は、ブックオフの信念を体現していると言える。現場で、自分がやればできるのにと思う仕事があったとする。でも、そこをぐっと我慢して最後までスタッフに任せて見守る。細かく、厳しく指導するときもある。一社員の悩みに徹底して付き合うときもある。社員のモチベーションを気遣う奥深さもある。社員の苦労を思って、泣いてしまうこともある。

社員に対しては温かい声で接することが多い。しかし、経営者として鋭く主張するときもある。きっぱり言い切るときの迫力は、静かな声でも並大抵ではない。橋本は、それぞれの場面で必要に応じて自在に変化する。

母のように、姉のように

橋本をよく知る店舗の店長は、
「橋本さんは自分にとって母親でもあり、姉でもある。恋人まではいかないが、頼れる存在だ」
と、橋本について、身近で暖かい存在であり、自分のことをすごく考えてくれる人だと語る。

「あんた、頑張ってるの」

どこから聞きつけたのか、元気がないときにはいつの間にか現れて叱咤激励してくれる。自分にすらこうなのだ。もっと付き合いの古い社員に対してはどうなのだろう。ずっ

「社員の苦労を思って、泣いてしまうこともある」

店舗での橋本の動きは手本にされている

と社員のことを考えているのかな、といつも感心する。
「現場を引っ張るお母さん」
と皆から呼ばれる。店舗での仕事は厳しく、密度も高い。しかし、ふと振り向けば、橋本がじっと見ていてくれるように感じるから頑張れるのだと言う。

転身者への想い

急成長企業の例に漏れず、ブックオフからも退職者や転身者が出る。表向きの理由はともかく、本音はこのブックオフに対して疲れたのではないかと橋本は心配する。もう会社に魅力を感じなくなったのだろうか。ブックオフで夢を達成してあげられなかった。本当にやりたいことをやらせてあげられなかったのではないか、と心を痛めることも多い。
「頑張ってね」
いつもこう言って明るく送り出す。でも、ひそかに気に掛けて悔やんでいる。新しい職場でうまくやっているのだろうか。

ブックオフで一生懸命やってきた仕事を、新しい会社の社長が評価してくれたと聞くこともある。手塩に掛けて育てたスタッフの良いうわさを、うれしく思わないわけがない。経営者としてではない。子を思う母の心情が、橋本の表情から垣間見れる。

みんなは一人のために、一人はみんなのために

事業計画はスタッフ全員で作成する。アルバイトもパートも、みんな巻き込む。自分で目標・計画をつくれば、もう自分の数字だ。他人事ではない、とスタッフの目の色も

変わる。

ブックオフでは、50キログラムの荷しか背負えない人に100キログラムの荷を背負わせてしまう。当然一人では背負えない。それを仲間が支える。たとえ支えがあっても、100キログラムを背負うことができたら大きな自信が付くものだ。

みんなが一人を支える。一人一人がみんなのために頑張る。現場のチームワークが乱れれば、店舗は動かなくなる。ベクトルを合わせなければ、数字も上がらない。個人成績を誇示することほど、ブックオフの経営哲学にそぐわないことはない。自分はうまくいった。では、周りに困っている人はいないのだろうか。その視点こそ必要だ。個人の成績を競う棒グラフとは無縁の世界である。

創業メンバーとして、坂本の片腕として、現場を飛び回って会社を引っ張ってきた橋本は、そう強く信じている。

飛躍へ向けて

橋本はパートとして採用されてから16年目に、東証一部上場企業ブックオフの代表取締役社長兼COOに就任した。

「主婦とか、女性とか、そんなものは関係ない。一生懸命コツコツとやっていれば、いろんな世界があると思う。私の場合は、それをやらせてくれる坂本がいたからなんです。力を引き出してくれて、チャンスを与えてくれた者がいるということですよね」

社長になっても、「パートの主婦」が自分の原点だ。目線を必ずスタッフと合わせる。社員もパートもアルバイトも、みんなが一つとなって、高いモチベーションを持ち続けることが大事だ。ブックオフを、楽しく仕事ができる会社に、生きがいを与えられる会社にしたい。創業時代を振り返るように、そう静かに話を結んだ。社員にとって、母であり、姉であり、頼れる存在として慕われる人物がそこにいた。

3つの成功ポイント

①革新的なビジネスモデルの構築と実現
中古書店の既成概念を打ち破る

②清新な店舗づくり
女性の感性を生かす

③店舗マネジメント
スタッフ全員で目標を共有する

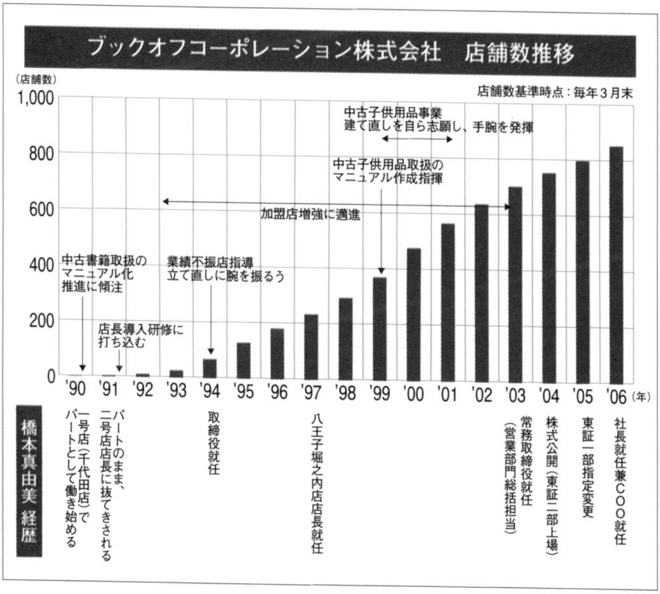

商号	ブックオフコーポレーション株式会社
上場	東京証券取引所一部上場
事業内容	中古書店「BOOKOFF」展開、各種リユース業態開発・運営ほか
本社所在地	神奈川県相模原市古淵2-14-20
創業	1990年（平成2年）5月
設立	1991年（平成3年）8月
創業者	代表取締役会長兼CEO　坂本　孝（さかもと　たかし）
代表者	代表取締役社長兼COO　橋本　真由美（はしもと　まゆみ）
資本金	24億5,808万8,000円
従業員数	社員600人、スタッフ6,014人
売上高	422億1,200万円（連結）
URL	http://www.bookoff.co.jp

2006年4月1日現在

人生はいつも挑戦!

ダイヤル・サービス株式会社
代表取締役社長 今野 由梨

DIAL

人を惹き付ける魅力

2006年4月21日、東京都渋谷。多くの政財界人や文化人が集い、「愛と感謝の会」が開催された。関東ニュービジネス協議会（以下NBC）の副会長を勇退した今野由梨をねぎらうために会員たちが開いたパーティーである。

NBCは、関東経済産業局を主務官庁とする社団法人で、ニュービジネス振興のための「政策提言」、起業家の発掘・育成の「支援事業」「研究・情報提供」などを行う機関である。今野は会社経営の傍ら、NBC設立以来20余年にわたり副会長を務め、多くの起業家育成や支援活動に携わってきた。

東京ガス取締役相談役の安西邦夫、作詞・作曲家の小椋桂、衆議院議員の片山さつき、慶應義塾大学教授の島田晴雄、日本サッカー協会会長の川淵三郎、作家の渡辺淳一など、政財界や文壇・芸術界を代表する多くの著名人が発起人として名を連ねていることから、今野がいかに魅力ある人物であるかがわかるであろう。

ダイヤル・サービス株式会社の創業者兼代表取締役社長である今野。東京ガス社外取締役、社団法人経済同友会幹事、財団法人2001年日本委員会理事長を兼任し、中央官庁の各種審議会に参加する財界人でもある。

2001年日本委員会では、15年もの間、世界の女性起業家を日本に招いて交流会を開催し続けている。この功績がたたえられて、1998年に「世界優秀女性起業家賞」を受賞した。

「愛と感謝の会」にて（左から大山のぶ代、安西、今野、島田、渡辺）

日本初の電話相談ビジネス

今野の起業家としてのスタートは38年前にさかのぼる。

1969年（昭和44年）。アメリカでは「アポロ11号」が月への着陸に成功し、日本では国民総生産が58兆円、勤労者一世帯の年間収入がやっと100万円を超えたばかりのころである。黒電話は一家にやっと1台、一般加入電話普及率は15%にも満たない。そんな時代に、今野は電話の将来性をいち早く見越し、電話を媒体としたビジネスの礎を築いた。

以来、電話相談サービス、コールセンター事業、コンサルティング事業、各種業務の受託サービスなど、電話を使ったさまざまな情報サービスを提供している。近年はインタ

「生の声が直接心に届き、人間らしい触れ合いができるのはやはり電話である」

ーネットを媒体とした情報提供サービスも展開しているが、重要視しているのは創業以来続けている電話サービスに変わりはない。生の声が直接心に届き、人間らしい触れ合いができるのはやはり電話である。生活者の日々の悩みや相談に応えるサービスにも、電話を使うのが一番よい。

育児電話相談の「エンゼル110番」をはじめ、「子ども110番」「食の生活110番」「電話健康相談」「メンタル相談」といった数多くの電話相談プログラムが、生活者から高い支持を得ている。日本語だけでなく英語・中国語・韓国語での対応を行っているサービスもある。

起業決意のルーツはここにあった

就職の壁は厚かった

1954年春、今野は津田塾大学に入学。周囲の反対を押し切って、故郷の三重から単身で上京した。

大学時代は、大学新聞の編集長としてひたすら新聞づくりに力を注ぐ。そもそも幼少のころからジャーナリズムには興味があった。小学生時代には壁新聞、中学生時代には学校新聞と、一貫して新聞づくりに携わってきたし、就職先も当然ながらマスコミを志望していた。

しかし、今野が大学を卒業したころは、まだまだ女性の就職が厳しかった時代である。日本は岩戸景気に沸いていたが、4年制大学を卒業した女子大生に対して門戸を開いている企業はほとんどない。マスコミへの就職の夢もかなわなかった。

「必要とされないなら、自分で会社を起こすしかない」

今野は、固く決心する。22歳であった。

フリーターとしてハードワークの日々が続く

「自分で起業」と勇ましく決めたものの、具体的な計画や当ては何もない。誰かを参考にしたくとも、当時は女性起業家が活躍している時代ではない。

とにかく10年は助走期間として遮二無二働いて、経験を積み資金を貯めてから会社をつくろうと決めた。今で言う、フリーターである。

ありがたいことに、決心したと同時に新聞社から映画評論を書いてみないかと声が掛かった。続いて、三浦朱門・曾野綾子夫妻の紹介を得て、口述筆記の仕事も受け持った。映画評論を読んだテレビ局からインタビュアーの仕事も舞い込んできた。学生新聞を通しての縁が広がり、次々に仕事につながっていく。

この頃は大忙しだった。アルバイトをしながら、評論執筆、口述筆記、インタビューをこなし、人の4倍働く生活がしばらく続いた。

「運」と「縁」に導かれて

はるか彼方のニューヨークの土を踏んだ

1964年、27歳の今野はニューヨークの摩天楼を見上げる地に降り立つ。

実は、今野は幼いころから訪米を一つの目標としていた。

「ニューヨーク世界博」のコンパニオンたち（右から３人目が27歳の今野）

9歳のときの体験である。空襲に合い、家族とはぐれて燃えさかる町を逃げ惑いながら、幼い今野はこう神に誓った。

「もし生き残れて大人になったら、きっとアメリカに行って戦争の恐怖をみんなに話します。そして、二度と戦争で子どもたちが命を落とすことがない世の中をつくります」

奇跡的にもかすり傷一つ負わずに生き延び、焼け跡で両親とも再会することができた。今野は神によって生かされたと強く感じ、いつか必ず誓いを果たそうと心に決めていたという。

そして今、ニューヨークの土を踏むことができた。それも、「理解を通じての平和」をテーマとしたニューヨーク世界博覧会日本館のコンパニオンに選ばれての渡米である。「9歳の渡米の誓い」を果たせた喜びで胸がいっぱいだった。初めて見るアメリカの姿に、心も躍った。毎日がカルチャーショックの連続だった。そしてこの渡米が、今野に将来の扉を開くきっかけをも与えることになる。

ビジネスのヒント、それは電話だった

ニューヨーク生活のある日のこと。イエロー・ページ（電話帳）を繰っている時、「TAS」（Telephone Answering Service：テレホン・アンサリング・サービス）という活字が目に留まった。気になって電話をし、どのようなサービスを提供しているのか尋ねてみた。

電話に出た女性はサービス内容を丁寧に説明してくれるのだが、なかなかイメージがつかみ取れず、今野には理解できない。それでも食い下がり、好奇心をむき出しにあれこれと質問しようとする熱意に押されたのか、見に来ないかと誘ってくれた。

オフィスを訪ねると、電話の相手が出迎えてくれた。そこは会員制秘書サービスの会社で、彼女はその会社の社長だった。とても魅力的な女性で、社長自らが社内を案内してくれた。広いオフィスでは100人ほどの女性が働いている。全員がヘッドホンを付け、次々とかかってくる電話に丁寧に応対していた。

「電話でビジネスが成り立つのだ」

それまでは、電話は通信の道具でしかないと思っていた。しかし、ここでは電話がビジネスの主役となっている。今野は新鮮な驚きを覚えた。

「電話を使ったビジネスを立ち上げよう」

会社をつくることは決めていたが、何をするかは決めていなかった今野の胸に、この日小さな種火がついた。以降、帰国するまでの間、空き時間を利用してほかの電話サービ

起業当時の今野

スを見て回ることにする。

帰国後、早くも起業準備を始めた

1年後に帰国。旅装を解く間もなく、今度は欧州の電話サービス事情を見聞したくなった。思い立ったら、すぐ動く。これも性分だ。世界博で知り合った人に連絡を取り、その人を頼って西ベルリンへ飛んだ。

レストランでアルバイトをしながら生活費を稼ぎ、まずはドイツ語を勉強した。生来の語学センスが幸いし、ほどなくドイツ語の通訳ができるレベルにまで到達する。日本人団体旅行の通訳や国際見本市で日本企業のコンパニオンを務めて資金を稼ぎ、ドイツを拠点として3年間、ヨーロッパを渡り歩いた。各国の電話情報サービスを調べ、自ら会員となってサービスを体感した。

フランスの「S'il Vous Plaît（シル・ヴー・プレ：英語のプリーズに相当するフランス語）」の会員制情報サービスには特に興味を引かれた。1935年に設立されたこの会社は、さまざまなビジネス情報を必要時に電話1本で聞けるという、まるで電話によるコンシェルジェのようなサービスを展開していた。

ヨーロッパでは、モーニングコール、鍵のSOS、家事相談、マーケティング情報提供など、バラエティに富んだ電話サービスを見聞することができた。アメリカの合理的な秘書サービスとは異なる、きめ細かなサービス内容に今野は大きな興味を抱く。

念願の起業
スタートしても苦労が続く

やっと起業の夢が実現した

欧米事情を体験し、日本でもこれからは電話サービスが求められるようになると確信した今野は、1969年、ついにダイヤル・サービスを起業。手始めに、会員制電話秘書サービスをスタートさせた。オフィスはマンションの1室。たった2台の電話での創業である。

24時間年中無休の秘書サービスは当時としては珍しく、口コミが広がって、作家、アーティスト、経営者、俳優などによって徐々に利用され始めた。若い女性が起業したことも珍しかったため、マスコミでも取り上げられ話題になった。が、収益はさっぱり。1年目は大赤字だった。

「誰かに相談したいというニーズが必ずあるはずだ」

「電話110番」を開始

次年度からわずかに収益を得られるようになったが、まだとても社員の給料を支払えるレベルではなかった。世間は大阪万博の活気に満ち、日本は高度成長の真っ只中。好景気のうちに何とか事業の基盤を確立しなければならない。

「電話を利用したビジネスは必ずブレイクする」

そう信じていても、これ以上社員に苦労を掛けるわけにはいかない。「情報」の価値が理解されるには、もう少し時間がかかるだろう。時機が来るまで、一旦休止した方がよいのではないか。そう社員に提案してみた。しかし、創業以来ともに頑張ってきた仲間たちはまともに受け取ってはくれなかった。逆に元気付けられて、今野は次のビジネスを模索する。そして、試行錯誤を重ね、欧米の電話サービスから得たヒントをもとに編み出した新たなメニューが、「電話110番」である。

人々の相談に電話で的確に応えられるサービスを提供したい。ちょうど日本は急激に核家族化し、母親の周りに育児相談をできる相手がいなくなっていたころである。育児ノイローゼになった若い母親が事件を起こすケースが頻発し、社会問題になっていた。今野はまず、ここに目を付けた。

「今、一番必要とされているのは母親の悩みの解決だ」

誰かに相談したいというニーズが必ずあるはずだ。母親の育児よろず相談に経験豊富な専門家が応じる仕組みにしよう、と「赤ちゃん110番」をスタートさせた。1971年のことである。日本で初めてのサービスだったから、早速新聞紙上にも取り上げられた。全国から一斉に電話がかかり、電話回線が一時パンクするほどの盛況ぶりを見せた。

資金はスポンサー企業から得よう

「相談相手から相談料をもらえばビジネスになる」

そう思い付いて、日本電信電話公社（現NTT）に対し、通話料をペイバック、あるいは通話料に情報料を上乗せすることを提案する。今日で言う「ダイヤルQ2」だが、当時の公衆電気通信法では情報料の課金は認められておらず、残念なことに受け入れてはもらえなかった。相談者から情報料をもらうことができないとすれば、どうしたらよいのだろう。電話相談は増えるばかりで、今さら後戻りすることもできない。

「何とかビジネスとして組み立てたい」

立ちはだかる壁を前に思案する今野に、「スポンサーを見つけよう」という考えがひらめく。

民間放送局がCMでスポンサーから資金を集める方法と同じ考え方である。長年マスコミとかかわってきた今野ならではのアイデアだった。早速、企業の広告宣伝費に目を付けてスポンサー探しを開始するが、そう簡単に見つかるはずもない。毎日、電話であちらこちらの企業にアポイントを取っては説明に通い続けた。

企業の常識では、「広告宣伝はマスコミ」と決まっている。電話サービスの提供スポンサーを引き受けてくれる会社はまったくなかった。しばらくは、電話サービス・カウンセラーを担当してくれる専門家にも手弁当で協力をしてもらうしかないありさまだった。何とかスポンサーを見つけなければならない。収入がなければ運営ができなくなる。さすがに今野も焦り始めた。

そんなときである。ある出版社から安田生命のカリスマセールスレディーを紹介された。これが、今野にとって運

「企業の広告宣伝費に目を付けてスポンサー探しを開始」

命の出会いとなる。同じような境遇のもとで苦労を乗り越えながら生きてきた2人は、たちまち意気投合した。彼女の協力を得てすぐさま本社にスポンサーの依頼に出向き、何度も訪問して説得を重ねる。そしてついに、安田生命が「赤ちゃん110番」のスポンサーを引き受けてくれるに至った。

スポンサー第1号の誕生に心はやるも、スポンサーが1社だけでは収益確保はままならない。勢いに乗って次なるスポンサーを確保しようと、今野は休むことなく駆け回る。ところが、どの企業でも「前例がない」として二の足を踏まれてしまう。今野は途方に暮れた。だが、次のチャンスが巡ってくるまでに、そう時間はかからなかった。西武流通グループの実質的なオーナー（当時）であり、かつ文人としても知られている堤清二と会う機会を得たのである。起業仲間の遠い親戚が、堤と友人関係だった。

そのころの堤は、「モノ離れの時代」と称して、モノ以外の情報・サービスを付加して顧客関係を構築していかなければならない、という先進的な考えを提唱していた。今野はこの考え方に共感し、自分のビジネスを理解してくれるのはこの人しかいない、と堤を必死に説得した。

「試しに1年間スポンサーになりましょう」

堤は快くスポンサーを引き受けてくれた。堤がスポンサーを引き受けたとあって、それまで前例がないと耳を貸してくれなかった他企業も、安心してスポンサー契約に追随してくれた。

エンゼルとの出会い

こうして「赤ちゃん110番」が軌道に乗ったころ、続いて森永乳業がスポンサーに名乗りを上げてきた。森永乳業は、ヒ素ミルク中毒事件の不祥事で企業イメージを大きく悪化させており、「総力を挙げて真摯に製品開発・製造に取り組んでいることを世の中に知ってもらいたい」と今野に助けを求めてきたのである。信頼回復に全力を尽くしたいという気持ちに偽りはないと感じた今野は、その申し出を引き受ける。

1975年5月。森永乳業がスポンサーとなり、森永乳業のマスコット名を冠にした「エンゼル110番」がスタートした。母親からの育児相談全般に真心を込めて応えようというプログラムである。

結果として、このプログラムが与えた影響は大きい。サービスを始めてしばらく経ったある日、集まってくる母親たちの声に多くの消費者ニーズが含まれていることに気付いたのである。これこそ、スポンサー企業にとっては商品開発のヒントとなる重要情報ではないのか。生活者の悩みに応える電話相談サービスが、裏を返せばパーソナル・マーケティングの役割を果たしているのではないか。消費者と企業とが理想的に相互作用する。この担い手が「電話」なのだと実感した。この発想をきっかけに、電話相談サービス事業のユニークなビジネスモデルが登場する。

電話相談サービスのビジネスモデル

ダイヤル・サービスは、プログラムごとに適切な専門家を集め、相談者からの電話を待つ。

相談者がダイヤル・サービスに電話をかける。専門家が電話を受けてカウンセリングを行い、適切なアドバイスを与えながら問題解決へと導く。一部の例外を除いて、相談者が負担するコストは基本的に電話料金のみである。

スポンサー企業は、ダイヤル・サービスから情報提供を受ける代わりに、またはCSR（企業の社会的責任）の代行として、スポンサー料を支払う。毎月、ダイヤル・サービスは生活者の声を商品開発に役立つ情報として整理し、スポンサーに報告する。

まさに、生活者から発せられる情報が「善循環」する仕組みである。「エンゼル110番」に続いて、1979年に「子ども110番」、1981年に中高年者を対象とする「熟年110番」、さらには「セクハラホットライン」「企業倫理ホット

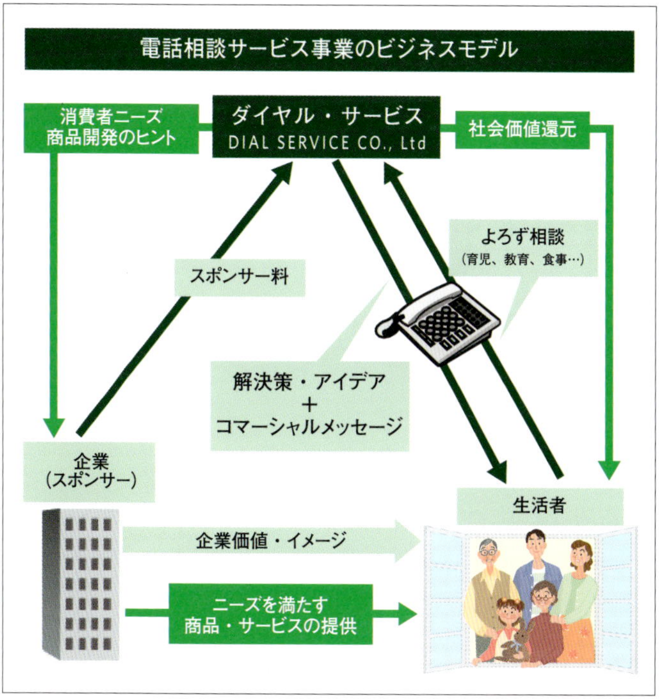

ライン」など、今野は新しいサービスを次々に打ち出した。

1979年には、生活者の声をまとめてフィードバックし、より良い社会づくりに生かそうと、今野は日本初の女性だけのシンクタンク「生活科学研究所」を設立。以来、オピニオンダイヤルの実施、シンポジウムの開催や商品開発などの活動も行っている。

女性の知恵をビジネスにしよう

今野は熱っぽく語る。

20世紀は経済偏重の時代、男性が担い手となったハードの時代だった。その中に、今野は「電話による情報サービス」という超ソフトなものを携えて飛び込んだのだ。世間からは「3ヶ月と持たないだろう」と笑いものにされていたと言う。しかし今野は、やがて時代は大きく変わると確信していたから頑張れた。きっと、生活者の視点に立った情報サービスが必要とされる時代が訪れるに違いない。そのときには女性の感性が必要とされ、その活躍が望まれるようになる、と信じて疑わなかった。

そして、21世紀。時代は今野の予想した通りの変革を遂げつつある。人は質の良い「生活支援型サービス」を求め、それに伴って多くのビジネスが誕生している。生活ニーズを最も理解している女性が、自分自身でビジネスをデザインする時代がまさに到来したのである。

「試練やチャレンジの後には必ず
新しい人生との素敵な出会いが待ち受けている」

人生はいつも挑戦

常に自分を鍛え続ける

今野はどんなときでもチャレンジ精神を忘れない。挑戦することで苦境を乗り越え、乗り越えた力を次の飛躍の原動力にしている。

これを象徴するエピソードがある。

80年代も終わろうとしていたころ、今野の体調に異変が生じた。アクシデントや別離などが重なったショックによる、ストレス性の体調不良だという。体に力が入らない日々が続いた。だが、そんな状態にもかかわらず、今野は北海道JC（青年会議所）の友人から誘われたマラソンゴルフに挑戦することを決める。主治医をはじめ、周囲は当然ながら猛反対したが、今野は反対を押し切った。

「挑戦してみよう。もしまだ私の役目があるのなら、きっと生還できるはずだ」

9歳のときと同じように、純粋な気持ちで祈りながら迎えた当日。早朝3時から夕刻まで計6ラウンドを回り終えると、今野は清々しい気分に包まれていた。不思議なことに、今までの絶望的な体調不良はすっかり消えていたという。

翌年には、より過酷な挑戦に臨み、1日で8.5ラウンド153ホールを徒歩で制覇するという快挙を成し遂げる。当時としては男女問わず世界一の記録であり、1993年版のギネスブックに掲載された。56歳の夏至の日だった。

63歳のときには、アメリカで4,000メートル級の登山にも挑んだ。試練やチャレンジの後には必ず新しい人生との素敵な出会いが待ち受けている。そう信じて、今野は常に自分を鍛え続けているのだ。

「私の魅力は、『さあ今からが人生の本番！』といつも思っていることかしら」

挑戦は続く

経営者は、気力と体力に支えられて知力を発揮する。試練をバネに、ピンチをチャンスに変えられる情熱を持つことが大事だと言う。

「苦労もあったけど、振り返ると素晴らしくエンジョイさせてもらった。多くの経験はすべて、素晴らしい本番のための助走なのです。私の人生の本番はこれから。今のように変化が多い時代だからこそ面白い」
と、今野は楽しそうに語る。

これまでに電話の向こうの何千万人の人々から「ありがとう」をもらった。それは、お金に換算できないほどの貴重な財産だ。この財産を糧に、これからも人々に幸せを運び続ける。

現在70歳。今野のチャレンジはまだ終わらない。

3つの成功ポイント

①商品・サービス力
電話の利便性に着眼し、生活者への相談サービスを創造した

②ビジネスモデル構築力
「情報」を中心に、生活者・企業・自社間の好循環を築いた

③起業家パッション力
挑戦力とリーダーシップのクロスオーバーを実現した

一般加入電話普及率とダイヤル・サービスの電話相談プログラム

一般加入電話普及率に関する資料の出典：『Information 2005』NTT東日本

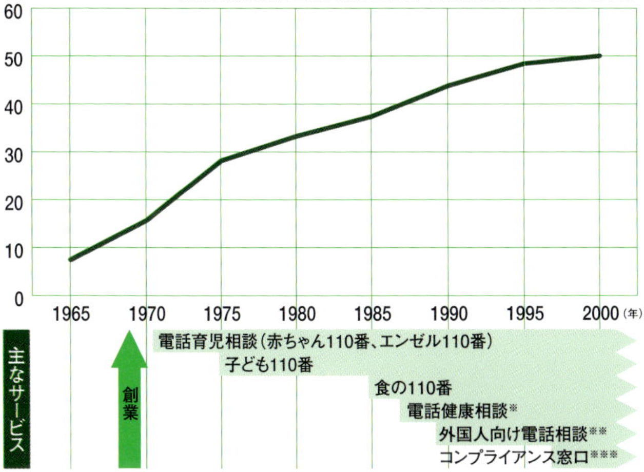

※ ファミリー健康相談、24時間健康相談
※※ Japan Hotline、JR East Infoline
※※※ セクハラホットライン、企業倫理ホットライン

会社名	ダイヤル・サービス株式会社
上場	非上場
事業内容	電話相談サービス事業・コールセンター事業・ コンサルティング事業・アウトソーシング事業ほか
本社所在地	東京都港区南青山4-20-19
設立	1969年（昭和44年）5月1日
代表者	代表取締役社長　今野　由梨（こんの　ゆり）
資本金	2億2,491万8,000円
従業員数	191人
URL	https://www.dsn.co.jp

2006年4月30日現在

当たり前のことを「秘策」に変える

21LADY株式会社
代表取締役社長 広野 道子

HIROTA
Since 1924

「洋菓子のヒロタ」を再生に導く

老舗企業の相次ぐ経営破たん

2001年秋、ある老舗企業の経営破たんが新聞各紙をにぎわせていた。その企業とは、1924年（大正13年）創業の「洋菓子のヒロタ」。シュークリームを庶民の味に変えた洋菓子製造販売の老舗である。90年代初めには123億円にも上った売上高が、破たん当時には約4分の1まで減少、負債総額は50億円に膨れ上がっていた。2000年のそごう、2001年のマイカルに続く老舗企業の破たんは、「老舗」であることへの信頼を見事に打ち砕く。一つの時代の終焉であった。

この「洋菓子のヒロタ」の再生スポンサー候補として、ベンチャー企業21LADYの代表取締役社長を務める広野道子が名乗りを上げ、並いる競合の中から再生を託される。

ヒロタをわずか半年で黒字にした21LADY

21LADYは、ライフスタイル産業の創造と再生のための投資・育成会社である。

21世紀という新しい時代、女性の社会進出が進み、経済的に自立した女性が増えた。少々お金を掛けてでも充実した日々を送りたいと願う女性たちに、楽しい時間、リラックスできる時間を提供してあげたい。女性とその家族が心の豊かさを感じるライフスタイル産業を応援したい。このような想いを込めて、21LADYは設立された。

古きよきものを生かして新しいものを創造する「温故知

新」。これが、広野の取った戦略だ。古くからのブランドの中には、その真価を発揮しきれていないものがあまりにも多い。その低迷してしまったブランドを時代に合わせてリフレッシュさせる。ゼロから立ち上げるよりもスピーディに、より多くの企業の支援を行うことができるからである。現在は「洋菓子のヒロタ」のほか、焼きたて詰めたてのシュークリームショップ「CHOU FACTORY（シューファクトリー）」を傘下に、英国式パブの「HUB」をグループ会社として、3ブランドを展開している。

広野は半年でヒロタを短月黒字に導き、わずか3年で民事再生を終結させた。この偉業が、ベンチャー企業21LADYの実力を世間に知らしめることとなる。

21LADY　強みの源泉は？

21LADY最大の強みは、「女性の着眼点をもとにした消費者の視点」と「チェーンストア事業のノウハウ」である。これらは、広野の創業前の経験から形づくられたものだ。

広野は、1988年に大手コンサルティング会社である株式会社ベンチャー・リンクに入社。ここでフランチャイズシステム本部を支援するグループ会社の代表取締役専務として、20社のフランチャイズ本部との提携やフランチャイズ開発を手掛けた。フランチャイズ事業は、いわば新しいビジネスの紹介・コーディネート業である。1,000社を超える中小企業の経営者と出会い、生き生きと事業に取り組む姿勢を目の当たりにした広野は、企業を外部からサポートするだけでなく、自らも事業を展開してみたいと独立を決意した。

株式会社ポッカクリエイトの専務取締役として「カフェ

「たとえ素人であっても、実際に購入を決める女性の発想が重要」

ドクリエ」事業（株式会社ポッカコーポレーションと株式会社プラザクリエイトの合弁事業）を、次いで株式会社MVC（三井物産株式会社のベンチャーキャピタル）の上級副社長兼フランチャイズ本部長として、タリーズコーヒーの出店および事業パッケージの構築などを手掛けた後、2000年3月、21LADYの前身である「21LADY.COM」を創業する。

「洋菓子のヒロタ」経営破たんの真相

業界のプロであることが「足かせ」に

広野は、数々のフランチャイズ事業やチェーンストア事業を通じて、一つの大きな実感を得ていた。事業を組み立てるときには、たとえ素人であっても、実際に購入を決める女性の発想が重要だということである。素人であるからこそ、業界の既成概念とは180度異なる角度から物を見ることができるという強みもある。「こういう商品がいい」「こういうお店のイメージがいい」と斬新な発想も生まれやすい。新しい発想が、新しい業態の開発につながっていくのだ。

業界に染まってしまうと、新しい発想は生まれてこない。古くからの業界の常識に縛られ、身動きが取れなくなってしまうからである。業界のプロであることが、逆に大きな足かせとなる。

「業界の発想を持ち込まないようにしよう。『消費者の視点』で経営の意思決定をしよう」

起業に当たって、広野は固く決心した。

ヒロタの破たんは外部環境が原因なのか

当時、ヒロタの破たんの原因としては、バブルの崩壊、阪神大震災の影響、取引先であるマイカルの破たんなど、さまざまな要因が取り上げられていた。しかし広野は、破たんの真相を、「当たり前のことができなかったため」と言い切る。業界の常識が足かせになり、老舗ならではの大企業病にかかっていたのである。

当時のヒロタは、小売業ではなかった。笑顔での対応、「いらっしゃいませ」というあいさつ、店舗の前を歩くお客様への声掛け……。小売業として当たり前の接客が、どの店舗でもできていなかった。店舗も全体的に暗いイメージが漂い、外観もディスプレイも古臭い。商品の見せ方もまったくなっていない。信じられないことに、それがヒロタの「当たり前」になっていたのである。「消費者の視点」という意識が抜け落ちているため、これを疑問に思うことすらなかった。

「これでは売れるわけがない」

広野は閉口したと言う。いつの間にか、老舗であるということに甘えていた。消費者を無視した自己満足の店舗。「生産すれば売れる」という誤った認識のもとに保有する、過剰な生産設備。これだけのブランド力と商品力がありながら、マーケットをまったく無視した経営を続け、ヒロタは自ら破たんの道を選んでしまったのである。

業界の常識は消費者の非常識

「業界の常識は、消費者の非常識」と言われて久しい。いまだに従来の固定観念が色濃く残り、なかなか消費者の発想に転換することができない業界が多い。変革できない

（左）再生前の
シューアイス
パッケージ

（右）再生後、デザインを一新した
シューアイスパッケージ

だけでなく、変革の必要性すら感じていないのだ。古い業界ほど、その傾向は強い。

ヒロタもそうであった。長い歴史の中で、この当たり前のことに気付くことができなかった。ヒロタのスタッフからは、「これまでのやり方を今さら変えられない」「どのように変えればよいかわからない」という声さえあったという。企業が変革するためには、「業界の常識」は障害になる。業界からの目線ではなく、常に消費者の目から企業を見直すことができなければ、時代の変化に取り残されてしまう。

広野流「ヒロタの老舗改革」

誰もが認める「ヒロタブランド」

一方で、「シュークリームのヒロタ」のブランド力は、完全に失われていないことも広野は知っていた。確かに今は低迷している。しかし、「シュークリームのヒロタ」といえば、誰もが知っているブランドである。このブランド力を活用しながら、商品や店舗、経営システムを時代に合った形へと変革することができれば、ヒロタは必ず息を吹き返す。むしろ、これまで以上に輝くことができるだろう。広野はそう確信していた。

消費者の視点を生かし、とにかく基本を徹底しながら、当たり前のことを当たり前にできる会社を目指そう。消費者の立場から、どういう商品が、どのくらいの価格で、どういう価値があれば売れるのかを考えるところからスタートしよう。広野による「老舗改革」が始まった。

「プロの消費者の視点」でリフレッシュ！

自分たちが買う立場だとしたらどのようなスタイルを好むか、という「消費者の視点」。これが、ヒロタを変革する上での最大の判断基準となった。消費者に選ばれる、良

「洋菓子のヒロタ」新橋店（1990年頃）

現在の「洋菓子のヒロタ」新橋店

い商品をつくりたい。単に価格を追求するのではなく、品質と価値をしっかりと見極めたい。そのために必要なのは、シュークリーム業界のプロ、洋菓子業界のプロの視点ではない。「消費者のプロ」の視点である。広野は、消費者の視点に沿って、次々と改革を断行した。

アイテムを絞り込み、定番商品に特化した。女性デザイナーを起用し、パッケージとロゴを一新した。明るいオレンジをテーマカラーに、ギフトにも使えるような商品イメージへとリフレッシュさせた。店舗も、女性の買いやすさを配慮して改装した。カウンターを前面に出し、明るく清潔なイメージを打ち出す。

ヒト次第で売り上げが2倍違う

従来の組織をぶち壊し、抜てき人事も断行

改革を推進する原動力は、「人財」である。どんなに商品イメージを変えても、どんなに店舗を明るくしても、人が変わらなければ何も変わらない。広野は、明るく親しみやすい接客を目指し、鉄則として「笑顔」の重要性を説き続けた。

社内意識を変革するために、伸びる要素を持つスタッフには良いポジションを与える抜てき人事も行った。新しいポジションを与えて工夫を凝らす意欲を持たせ、設定した目標を達成させる。目標を達成することができたら、それを実績として認める。小さな成功体験を積み重ね、スタッフに自信を持たせる。

組織も再構築した。旧ヒロタは典型的なピラミッド組織であり、多くの階層で構成されていた。複雑でややこしい上に縦割り組織であるため、部署間のコミュニケーションが取りにくい。階層が増えれば増えるほど、情報は伝わりにくくなる。広野は、できるだけフラットな組織に改編した。経営会議などを通じて横のコミュニケーションを取ることができるように改善を図った。

こうしてヒロタの組織はスリム化され、意見や提案が飛び交う風通しのよい会社へと生まれ変わる。商品開発のアイデアが、店舗スタッフから吸い上げられるようになった。「こんな商品をやってみたい」「こんなネーミングがいい」「お客様がこんなことを言っていた」などの意見や情報が、店

「改革を推進する原動力は、『人財』である」

舗スタッフやエリアマネージャーから次々と寄せられる。そして、これらのアイデアを、女性パティシエや女性デザイナーを中心とした商品開発へとつなげていく。実際に、消費者の視点に最も近い店舗スタッフの意見から、数々のヒット商品が生まれている。

ヒトを育て、ヒトを変えるための仕組み

良いポジションだけが人を育てるのではない。広野は、スタッフの意識変革を支えるために、成果を正しく評価し、報酬につなげる仕組みづくりにも力を注ぐ。実績に応じて配置を転換した。四半期ごとに成果に応じて報酬を決定し、年間の利益も成果に沿って配分した。頑張れば頑張った分だけ報われる制度を構築した。ストックオプション制度を導入し、社員自らが会社の資本にかかわれる仕組み、自らが会社を運営していると思える仕組みを構築した。

これらの制度を実践するためには、経営情報をガラス張りにすることも必要であった。月次決算や店の収益などの現実の数値を毎月社員に公開した。そして、公開した数値をもとに、どのように店舗運営をするべきか、会社の中で自分たちがどういった役割を果たしているのか、自分は会社にどういった貢献をしていくのか、社員自身に考えさせる。ここに大きな意義がある、と広野は言う。

旧ヒロタでは、経営に近いポジションの社員でさえ自社の貸借対照表を見たことがなかった。自社の資産状況も知らなかったのだ。確かに、負債が膨れ上がり、経営状況が悪化の一途をたどっていれば、経営者としては公開をためらうのもうなずける。しかし、そこで経営数値を公開し、社員たちに自ら考えさせるような体制が整っていたならば、

ヒロタの破たんは避けられたのかもしれない。

新入社員店長の奮闘

「ヒト次第で売り上げが２倍違う」
と広野は言う。緻密な市場調査も、流行に合わせた店舗改装も、働くスタッフの意識が変わらなければまったく意味を成さない。「笑顔」の大切さについて口を酸っぱくして言い続けても、頭だけの理解では笑顔もうわべだけのものになってしまう。ヒロタの社内には沈滞した空気が充満していた。この空気を払拭し、やる気を引き出すために、広野は社員の意識を変える「仕組み」をつくりあげたのである。

やる気のある新入社員を抜てきする「チャレンジストアマネージャー制度」も導入した。入社が決まった学生は、業績の一番悪い店舗の店長職に立候補することができる。

笑顔で接客する新橋店スタッフ

新入社員店長はどの商品の仕入れを行えばよいのか、どのように店舗を運営すればよいのか、頭を悩ませながら経営を行う。獲得した利益が一定の割合でフィードバックされるとあって、新入社員店長の派遣された店舗では、どこも売り上げが倍増しているという。

伸びる可能性を秘めたスタッフには積極的に良いポジションを与え、いろいろなことに挑戦させたいと広野は考えている。責任ある仕事を与え、仕事の成果を正しく評価することが、「人材」を「人財」に変える最短の道なのである。

年商1,000億円の企業を目指して

当たり前のことが「秘策」に変わる

広野の老舗改革が功を奏し、ヒロタは息を吹き返した。ヒロタはわずか半年で短月黒字に転換。その後も業績は順調に推移している。広野が行った「老舗改革」は、決して奇策ではない。広野は、当たり前のことを当たり前にできる企業に変革したに過ぎない。

古い業界体質に染まり、自ら変革できない企業は多い。中小企業の中には「どうせこれくらいしかできないから」と、限界を自ら決め付けてしまう企業も多い。そして、時代が目まぐるしく変化する中で、いつまでも変わることができずに取り残されてしまう。結果として倒産という事態をまねくことも少なくない。

「難しいことをする必要はないのに、当たり前のことができない会社があまりにも多い」

「古い業界体質に染まり、自ら変革できない企業は多い」

と広野は言う。100枚の企画書を書くことが重要なのではない。経営数値の分析が重要なのではない。当たり前のことを当たり前に実践し、結果を変えることが重要なのだ。そして、業界の固定観念に縛られないように、絶えず柔軟な発想を持ち続けることが重要なのである。

そもそも、企業の存在意義とは「お客様に喜んでいただくことで利益をあげ、社会に貢献すること」にある。しかし、徐々にお客様の存在を忘れ、目先の売上高や利益の追求に走ってしまいがちになる。そうした企業に成長はない。企業の原点に立ち返りつつ、運営方法を時代に合わせて工夫すれば、企業は必ず発展すると広野は信じている。

投資対象の条件は企業自身の「ブランド力」

「価値の高いライフスタイル産業の創造を通じて、女性とその家族の豊かな日常生活をサポートし、社会に貢献すること」

これが21LADYの使命である。ライフスタイル産業とは、「衣・食・住」のほか、「職（キャリアや仕事）」「遊（アミューズメントやスポーツ）」「学（資格や教育）」などの生活全般にかかわる産業を指す。21LADYは、このライフスタイル産業においてチェーン展開を図る企業に、投資と総合支援を行っている。

ヒロタを見事に再生させたことが評価されて、21LADYには再生や経営支援に関するさまざまな案件が持ち込まれるようになった。その中から投資対象を決定する際に広野が最重視する条件は、その企業自身が持つ「ブランド価値」である。「ブランド力」を持つ企業であること。失いつつある「ブランド」を自ら再生させる力を秘めた企業であること。

21LADYが弱みを補うことで、ともにブランド価値を向上させられる企業であること。広野は、じっくり検討してこれを見極める。

中でも広野が注目しているのは、いわゆる「古臭い業界」である。古臭い業界には多くのビジネスチャンスが眠っている。広野が携わってきた喫茶店業界もそうだった。ほかにも、文房具業界、床屋業界、古本屋業界、焼肉業界など、消費者の視点からビジネスをとらえ直すことで飛躍的に事業を拡大した例はいくらでもある。

どの業界であっても、商品やサービスが異なるだけで、経営の原点は変わらない。だから、21LADYは投資対象の業界を問わない。ライフスタイル産業の中で成長見込みのあるブランドを積極的に取得し、支援を行っていく。2010年までに10ブランド、年商1,000億円の企業を目指す。これが21LADYのビジョンである。

意欲あふれる女性のパワー

消費者としての女性の視点を生かすことにより、女性とその家族のライフスタイルを豊かにするライフスタイル産業を応援したい。広野は、その想いを込めて「21LADY」の社名を付けた。

日本のGDPの約6割を占める280兆円が、家計消費支出額である。家計の意思決定の8割は女性が占めており、女性の独壇場といっても過言ではない。現代のライフスタイル産業の中で成長していくためには、消費者の視点を持った女性が経営にかかわることが必要なのである。

新しい発想やこだわり、情報の収集力などは、男性よりも女性の方が優れていることが多い。新しいものに対して常に敏感に張り巡らされている高いアンテナ。新しい情報を積極的に吸収しようという姿勢。古いものにこだわらず、新しいことに挑戦しようとする発想。これらの女性の特性は、ビジネスの場でも大いに生かせるものである。こうした女性の着眼点が、新しい商品やサービス、エンターテイメント性のある商品の見せ方といった発想につながるのである。

にもかかわらず、日本の女性は、ビジネスの場で比較的甘やかされる傾向にあるのではないだろうか。ベンチャー企業で男女の差なく鍛えられた広野だからこそ感じることである。特に、女性の扱い方をわかっていない企業に勤めてしまうと鍛えられることがなく、管理職になることも少ない。女性がビジネスの場で真価を発揮するためには、こういった状況を認識した上で、反発するだけではなく得意分野を伸ばすことが重要である。活躍の場も、活躍するための方法も、目に見えないだけである。チャンスはいくらでもある。

広野は、女性がビジネスの場でますます活躍することを願う。21LADYの社員も、7割超が女性である。意欲あふれる女性が、広野の理念とパワーに共感し、21LADYで生き生きと夢を追っている。

3つの成功ポイント

①基本の徹底
当たり前のことを当たり前にやる

②ブランド力の再認識
時代に合った運営ノウハウでブランドをリフレッシュする

③女性の視点・消費者の視点
新しい発想で変革を恐れない

ヒロタ再生による売上高の推移

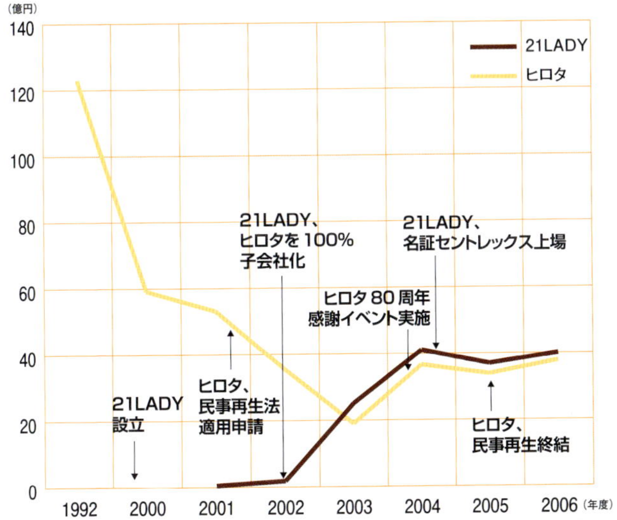

注：決算期を変更したため、2003年度は7ヶ月間のみ

会社名	21LADY株式会社（トゥエニーワンレイディ株式会社）
上場	名古屋証券取引所セントレックス上場
事業内容	ライフスタイル産業の総合投資育成事業ほか
本社所在地	東京都千代田区二番町5-5番町フィフスビル5F
設立	2000年（平成12年）3月7日
代表者	代表取締役社長　広野　道子（ひろの　みちこ）
資本金	7億7,163万円
従業員数	114人（連結）
売上高	40億1,300万円
URL	http://www.21lady.com

2006年3月31日現在

「愛と笑い」で革命を起こす

株式会社７アクト
代表取締役社長　トーマス　理恵

「理想」の英会話スクール

英会話サービス事業を展開する株式会社7アクト。「低価格でも高付加価値のあるマンツーマンレッスンの提供」を実現し、たちまちに生徒の心を魅了した。2000年の創業直後から口コミによって希望者が殺到。初年度から6,000万円の売り上げを達成し、短期間で急成長を遂げた企業である。

特徴的なのは、固定的設備となるいわゆる「教室」を持たず、どんな空間でも教室にしてしまうことだ。どの街にもある「カフェ」をレッスンの場とする。このユニークなビジネスモデルにより、コストを最小限に抑え、今までにないほど低価格な個人レッスンを現実のものとした。生徒募集の窓口をインターネットに限定し、広告宣伝も一切行わない。生徒の口コミによって会社の存在を広められたことも、低価格を可能にした要因の一つである。

既成概念にとらわれることなく「理想の形」を追い求めたトーマス理恵社長だからこそ実現できたことと言える。

ないならつくってしまえばいい

28歳まで英語はまったく話せなかった

トーマスが英語の面白さに目覚めたのは28歳のときと意外に遅い。それまでは、まったくといっていいほど英語は話せなかった。転職した先のディスプレイ会社で外国人デザイナーとの交流が増す中、英語によるコミュニケーションの必要性を実感。仕事上英会話が不可欠となって勉強を始めた。

即行動する彼女は、実感した瞬間に本屋に走り明け方まで勉強したと言う。英会話スクールに通っただけではない。彼女ならではの独創的な学習方法も取り入れた。持ち前の行動力で、街で困っている外国人に話し掛けたのである。これならお金も掛けずに、生きた英語が効率的に身に付けられる。この習得方法でめきめきと英語力を上達させて、ついにはカナダ留学を果たす。

しかし留学先の学校は、効率よく英語を上達させる場とは言えなかった。学校に通うだけでは本物の英語を修得することが難しいと痛感し、学校には行かず、ボランティア活動を通して生きた言葉を身に付けることにした。トーマスは、人とのコミュニケーションの中で、苦労しながらも効率よく英語を体得していく。

「学校という環境自体がどうあるべきか」という感覚が養われたのもこの時期だという。5年も海外留学をして話せない人がたくさんいる。国内でも英会話学校に通えば話せるようになると考えている人が多い。しかし実際は、通うだけでは決して上達しないのだ。

考えるより実行　思ったらやってみよう！

帰国後、英会話力を維持するためにスクール探しを始めた。どこも型通りのことを学習するだけで、素晴らしいシステムには感じられなかった。自分が習いたいと思えるスクールはどこにあるのだろうか。さまざまなホームページを食い入るように見る中、『生徒の理想のスクールとは』というテーマで書き込み、討論しているサイトを発見する。今まで感じてきた不満をここでぶちまけたら、サイト主催者から「ないなら自分でつくった方が早いよ」と背中を押された。トーマスはすぐに創業準備を開始。理想のスクールづくりが始まった。

トーマスは思ったことはすぐ口に出し実行する性格だ。多くの企業の「変えられない体質」は前々から感じていた。前職で業務の改善案を提案したときも、前例がないという理由で断られた。やりたいのにできなかった経験が、理想のスクールを立ち上げようという情熱につながったのかもしれない。

「やりたいならやってしまえばいい」

それが難しいこととは思わなかった。将来に対する不安もまったくなかった。流れに自然と身を任せていたら起業という形になっただけである。創業時のお金ぐらいなくなってもいいやという気持ちだった。考えるよりもまず動く姿勢が大切だと思った。そうしたら起業のための資金は、創業時に賛同したパートナーが出資してくれた。

「自信家であること」も、トーマスを特徴付ける性格の一つだ。

「いつも失敗する気なんてしない。何でもできちゃうと思っています。『根拠のない自信家』が私のフレーズとなっているかも！」
と、笑いながら彼女は話す。

事業実現に向かって

「英会話スクールに行く人はすごく多いのに、実際に話せ

「自分が受講したいと感じるスクールならば、生徒の口コミを通じて確実に広がる」

る人は少ない。それはなぜだろう？」

その素朴な疑問にまず着目した。原因は話す時間が少ない点にある。多くのスクールでは、講師一人に対して生徒は数人というグループレッスンが主流だ。トーマスは、一人の話す時間を長くするために、すべてマンツーマンレッスンの形を取ることにした。

次に生徒のレッスン費用を考えた。高いレッスン費用では生徒は魅力を感じない。教室代や広告費にお金を掛け、その代金をレッスン費用から回収する英会話スクールは多いが、このやり方は取りたくない。幸い、トーマスには教室を借りるほどの資金力もない。場所代の掛からない外国人講師の自宅でレッスンを開催してみてはどうかと考えた。

しかし実際に講師の採用面接をしてみると、自宅で教えられる環境にある講師は少ないことがわかる。都内は家賃が高く、しかも外国人に貸してくれる所は少ない。また、講師の自宅では不安との声が女性生徒に多かった。

それでは視点を変えてカフェはどうか。どんな駅の周りにもあって利便性もよい。試してみると、静かな教室と違って周囲の騒音が多く、実環境に非常に近い形でレッスンをすることができた。聞き取りの訓練にはもってこいだった。

一切広告を打たない方針も、戦略というよりは使えるお金が少なかったことが一番の理由である。それに自分が生徒の立場なら、宣伝を信じて決断したりはしない。広告資金があるならその分を生徒に還元してくれる方がずっと印象がよいだろう。ちょうどネット時代が到来し、世の中がインターネットマーケティングに傾いていた時期でもあった。

自分にとっての「理想」が基本方針である。自分が受講したいと感じるスクールならば、生徒の口コミを通じて確

カフェでのレッスン風景

実に伝達されていくだろうと確信していた。

募集開始５分で締め切り

口コミの広がり方はトーマスの予想をはるかに超えて急激だった。オープンして初めてのお客様は「英会話スクールオタク」たちだった。いろいろなスクールや学習方法を試してきたが結局英会話が上達しない、と７アクトに流れ着いたという。これらの生徒が「７アクトはいいぞ」と口コミをしたのをきっかけに、インターネット上での７アクトの評判が一気に広がる。結果、月２回の新規生徒募集は開始から５分で人数枠を超えてしまうようになった。No.1英会話スクールを決めるウェブサイトで、７アクトは大手スクールを抑えて総合1位を獲得。この人気ぶりにはさすがに驚いた。しかしトーマスにとっては、嬉しい反面、お客様を待たせてしまうつらさもあったという。

創業直後の数ヶ月間については、あまりの忙しさに当時の記憶を思い出せない。目の前の仕事をこなすのに精一杯で、24時間本当に寝ないで仕事をしていた。昼は講師の面接、夜は生徒への対応、夜中は問い合わせメールへの返信に追われ、そのまま朝の出勤時間を迎えるという日々が続いた。体力的にも精神的にも限界だったが、皆からの「ありがとう」がトーマスを支えてくれた。生徒と講師双方から数々の感謝の言葉をもらい、自分の想いが正しかったことを実感した。

気が付けば成長率400%

トーマスにとっての理想の学校が、多くの生徒達にとっての理想の学校となった。創業初年度から黒字も実現した。業界を変えたいとの願いから自ら英会話の「リーディングカンパニー」と名乗った。4年後の2004年には売上高が3億円を超えた。気が付けば4年間で400%成長という飛躍を遂げたのである。事務所も1DKアパートから新宿にあるビルの1フロアーを占めるまでに成長した。

英会話の市場人口が全国で約40万人と言われる中、7アクトは現在約1万人の生徒を抱えている。市場の40分の1である。創業当時はここまで猛スピードで成長を遂げるとは思ってもみなかった。

起業成功に導いたもの

時代の流れを感じる

「時代の流れにうまく乗れたことが、起業に成功した要因と言えるでしょう」

「時代の流れにうまく乗れたことが、起業に成功した要因」

と、トーマスは語る。

創業はインターネットがちょうど普及してきた時期であり、それが強い追い風となった。当初はそこまで計画的だったわけではない。漠然と「これからはネットが普及する。今がネットだけで集客できるチャンスだ」と直感し、素早くその流れに乗っただけである。社内にないマーケティングノウハウは、専門の外部人材を活用して進めていった。

「どうしようか」と思っていると時代は過ぎ去ってしまう。「よし」と思ったらすぐスタートすることが大切だ。常にアンテナを張り巡らせ、タイミングを察知する。気負わずに、今がチャンスと思ったらうまく流れに乗っていく。

私は究極の怠け者

トーマスはいつもアイデアに溢れている。7アクトが成功した要因もユニークなビジネスモデルにある。このアイデアの源を聞くと、

「私が究極の怠け者だからでしょう」

と、トーマスは笑って答える。怠け者だからこそ、手っ取り早く、最も効率よく物事を片付けられる方法を追求しているというのだ。初めから現在のコンテンツ構想やビジネスモデルができあがっていたわけではない。理想を実現するために、自分たちができる範囲で最も効率よい形を模索した。その結果築き上げられたのが7アクトなのである。

競合が容易に参入できる事業スタイルであるため、いつまでも良い状態が続く保障はない。今後も新しい試みを行って進化し続ける必要がある。社長として、今何をすべきかを常に考え続けなければならないが、決して苦には思わない。楽しんでやっている。

雑談の中で出たアイデアも積極的に事業に取り入れていく。トーマスが思い浮かんだアイデアをパッと口にすると、それをきっかけにスタッフの間でプロジェクトがまとまっていくことも多い。

感覚で見極め、人を信じる

昔からよく直感が働く。人材を見極めなければならないときも、最終的には自分の勘を頼りに判断する。無防備だとも言われるが、すぐ人を信用する。インターネットで知り合った人たちと協力して事業を起こすなんて、普通に考えたら怖くてできない。しかし、直感で彼らを信用できたし、だからこそ今がある。

起業してからも初対面の人と一緒に仕事を始めることが

多いが、だまされたことは一度もない。疑わず人を信じることも大切なのだろう。特にスタッフのことは全面的に信じて仕事を任せる。万が一失敗しても次回成功すればよいと考える。すぐ人にものを頼むので、「また社長がお願いしているよ、しょうがないなあ」とよく言われるが、これは信頼関係が築けているからだ。スタッフたちは普段から親しみをこめてニックネームやファーストネームで呼び合う。トーマスも、スタッフから理恵社長と気軽に呼ばれている。

「私は全然社長には向いていないと思います。自分には足りない部分が多いので、社長仲間にも『これどうしたらいいですか？』とすぐ聞いてしまいます。そうすると皆知恵を貸してくれたりします。そのおかげでここまで事業をやってこられました」

社長仲間にもスタッフにもよくしかられる。しかし、しかってくれる人がそばにいることは正しい道を選択する上でとても重要なことだ、とトーマスはいつも感謝している。

経営理念は「愛と笑い」

みんなのハッピーをかなえる「愛と笑い」

トーマスは自然体の女性である。優しく包み込むようなふんわりとした雰囲気の持ち主だ。起業しようなんて今まで考えたこともなかった。自分の理想を実現させるための手段がたまたま起業だっただけ。好きなことだから、仕事は楽しくて仕方がない。嫌々会社に行く人は、何て可哀想にと思う。

「皆のハッピーを確認したい」

7アクトの創業理念は「3つのハッピー」である。これはスタッフ・生徒（お客様）・会社のすべてが幸せ（ハッピー）であることを実現しようという志である。スタッフが自身の仕事で幸せを感じてこそ、生徒の幸せも実現できる。さらに会社自体をも幸せにすることが可能となる。皆のハッピーを確認したい。トーマスは、その強い想いを創業理念として明確に発信している。

そして、今一番伝えたい理念だと言う「愛と笑い」にトーマスの目指す会社への想いが凝縮される。創業後順調に事業を展開する中、自分の考えを表現するには何かが足りないと感じていたトーマスに、自然とこの言葉が浮かんできた。

「誰かを幸せにしたい、自分も幸せでありたいと願うとき、必要なのは『愛』です。そして、誰かと心から共感しコネクションを築けるのはお腹の底から笑うとき。意図的につくることのできる『笑顔』ではなく、心からの『笑い』が大切なのです」

スタッフはそんな想いに賛同して転職してきた人が多い。外部にもにじみ出るトーマスの「愛と笑い」。ここに共感して、人が集まってくるのだろう。オフィスで働くスタッフの輝いた顔を見れば一目瞭然である。明確な経営理念があるから結束力も強い。

トーマスは、性格上は人を笑わせる「笑い」の役回りである。しかし、経営者として厳しい選択を迫られる場面では、スタッフのためになる決断ができるように常に「愛」を意識している。

楽しく仕事をしてもらうことが一番

一番大変なのは人材育成

人材選びにはすごく気を使う。お客様に会うスタッフはすべて7アクトの顔となるからである。質の高いサービスを提供するためには人材が鍵を握ると言ってよい。

かといって、望む人材は教育だけでできあがるものではない。教育に膨大な時間を費やしても、結果的には社風と合わなかったという失敗例もあった。だから、スタッフの採用面接は必ずトーマスが行うことにしている。時間をかけて応募者の本質的な性格を見極め、経営理念にどのくらい共感しているかを重要視しながら7アクトにふさわしい人材かどうかを判断する。

そうやって入社した社員に対して、サービス力を向上させるための念入りな教育を行う。新人研修はもちろん、他業種のサービス業務を体験させるというユニークな研修も積極的に取り入れている。2005年の研修先はアニー子供福祉協会。ボランティアたちの高いサービス精神を学ばせた。

ホテルを経営する知り合いに頼んで、ホスピタリティについて講義をしてもらったこともある。時間が合えば皆で近くのレストランで昼食を取って接客サービスを研究させるなど、常日頃からサービス精神の重要性を意識させている。

しかし、心からのサービスを提供するには、楽しく仕事をしてもらうことが一番だとトーマスは考える。

「お尻をたたいて仕事をしてもらうのは簡単だけれど、それでは良いサービスは長続きしない。どうすれば自発的にやってくれるかを考えるのが一番大変です。自分も含めて社長になる人は特に、モチベーションを自分で維持できる人が多いので、人がなぜできないかということに気付かない」

だからトーマスは、社長室をつくらなかった。スタッフを見守り、何かあればすぐにサポートできるように、同じ島での情報共有を心掛けている。上下関係なく、オープンに何でも思ったことを言い合える環境づくりを意識している。

皆のお母さん的存在

女性が起業するなら女性ならではの強みを最大限に活用することが大切だ、とトーマスは言う。女性は元来お喋りする生き物なのでコミュニケーション能力が高い。また、スタッフに対して母親的な存在になれるという母性がある。自分の場合も、母親のように皆を見守ることが会社での自身の役割だと思っている。スタッフもまた、トーマスを「母のような存在」と表現する。

重要な事や方向性を決定するのが社長の仕事なので、日頃からスタッフには自分のビジョンをきっちり示す。ただし、それは経営者としてではない。むしろ、人としてどうありたいかを意識しながらスタッフに接している。

「母親のように皆を見守ることが私の役割」

「今まで私は多くの人に助けられて成長してきました。自分も人を助ける人になりたいです。人間として尊敬するのは美智子妃殿下。物言わずして包み込み、すごく人の心を惹き付ける。そういう人になりたいと思っています」

トーマスは2004年に実生活でも母となった。2002年に結婚した直後は生活に特別な変化はなかったが、妊娠してからは環境がガラリと変わった。社長として始終会社にいることができなくなった。動けない体調のときにはスタッフに家に来てもらい、最初のころは何とか乗りきっていた。しかし、子育ては一生でそのときしかできないこと。子どもが1歳になるまでは母親業に専念しようと、社長でありながら産休を取得する。

「会社は4年経っており、自分がいなくても運営できるだろうと割り切りました。外野からいろいろ言われても現場はやりにくいだろうから、信じてすべてをスタッフに任せました」

復帰後は子どもと離れるのがつらく、初めは公私で生活を区切ることが難しかったという。好きでたまらない仕事に、取り組み方の変化が生じた。以前は何時まででも好きなだけ仕事をしていた。しかし今は、娘のために早く帰ろうと自然と頭を働かせるようになった。会いたい気持ちから仕事の能率が上がった。

「自分が来なくても事業が成り立つようにしたい。自分も皆も幸せにあるためにどうするべきかを、以前にも増して強く考えるようになったと思います」

今まで以上に仕事に対する使命感も高まった。

身の丈に合った経営

「経営するに当たっては身の丈に合った事業をやることが一番です」

トーマスは事業規模の拡大を求めてはいない。急速に成長したが、この波に乗って企業規模を拡大していくことが成功につながるとは考えていない。特に英会話スクールの経営では、サービス品質の維持と向上が最も重要なポイントとなるからである。

試行錯誤の経営の中で、スタッフ全員に目の行き届く適正規模の経営が大切であることをトーマスは実感していた。現在、スタッフは25人前後。これなら一人一人に目が行き届き、皆のハッピーを確認できる。「3つのハッピー」の理念のもと、お客様にきめ細やかで質の高いサービスを提供するためには、生徒と講師をつなぐスタッフがハッピーに仕

「『顧客満足度の高い英会話スクール』ランキングで総合一位を獲得」

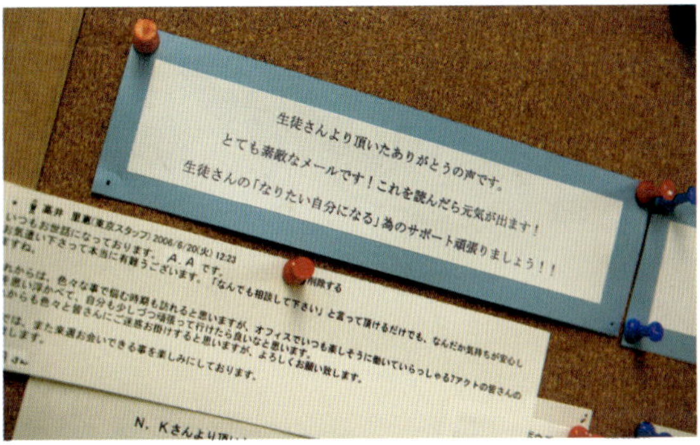

生徒のハッピーに支えられて

事をすることができる環境にあることが一番だ。

また、講師の確保という問題もある。講師も契約前に念入りに人材を見極める。応募者はほとんど大手スクールの講師経験者だが、その内採用できるのは3～4割ほど。教える技術、コミュニケーション能力、日本人への理解度など、7アクトの採用基準は厳しいため、合格に達する人材は少ない。サービス品質を維持するためには、講師の質が確保できる範囲内でしか事業規模は追求できないのである。

創業から6年を経た2006年8月2日。7アクトは、オリコン満足度ランキングサイトの『顧客満足度の高い英会話スクール』でも総合1位を獲得した。「身の丈に合った経営」から生み出される高品質のサービスが高い支持を集めている。トーマスのやり方が間違っていないことを証明するものと言えるだろう。

将来に向かって

「夢を持って働ける会社にしていきたい。そこに行けば楽しく英会話が学べるようなアミューズメントパーク。そういうものを目指す楽しい会社であり続けたい」

これがトーマスの夢とビジョンである。

現事業での規模の拡大は望んでいないので、新しいことがやりたくなったら別のサービス事業を創造する。一つ一つの事業は7アクトと同規模でよい。結果、集合体として大きくなっていけばよいと考えている。

描く理想の実現に向かって、今はまだ途中段階だという。これからも英会話の「リーディングカンパニー」としてさまざまな可能性を追求し、生徒の期待に応える英語環境構築ビジネスを次々と実現させていくことだろう。日々新しいアイデアを生み出すトーマスのことだ。新たな試みは既に始まっているのかもしれない。

3つの成功ポイント

①視点を変える

既定概念にとらわれない自由な発想

②明確な理念

スタッフとの理想の共有＝スタッフのハッピー

③身の丈に合う規模の経営

高品質サービスの維持＝生徒のハッピー

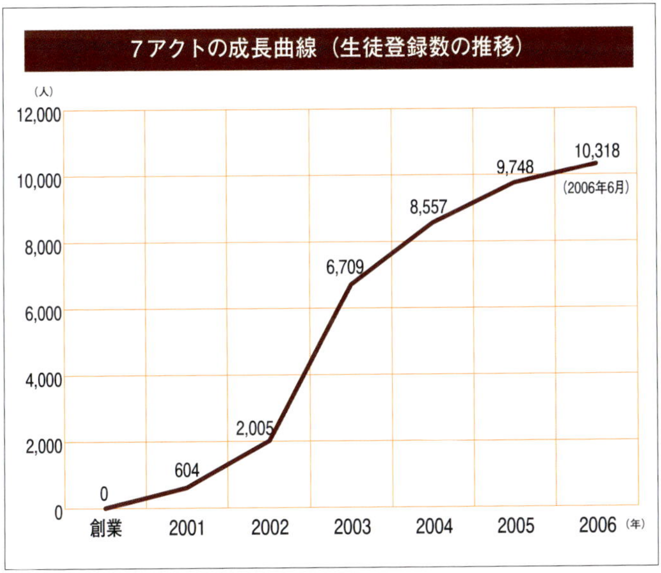

社名	株式会社７アクト
上場	非上場
事業内容	英会話スクールの運営ほか
本社所在地	東京都新宿区西新宿7-9-16 西新宿佐藤ビル２階
設立	2000年（平成12年）８月
代表者	代表取締役社長　トーマス　理恵（とーます　りえ）
資本金	1,000万円
従業員数	約25人
売上高	3億2,000万円（2005年７月期）
URL	http://www.7act.com

2006年７月１日現在

まっすぐ素直にコツコツと、信じて続けることが大切

テンプスタッフ株式会社
代表取締役社長　篠原　欣子

テンプスタッフ
TEMP STAFF

人材派遣との出会い

テンプスタッフと篠原欣子

テンプスタッフ株式会社は、日本における人材派遣業の草分け的企業である。創業者は、代表取締役社長の篠原欣子。

創業間もないころから30年近く一緒に仕事をしてきた斎田千加代（現アカデミーテンプ株式会社代表取締役社長）は、篠原を「誠実さでビジネスが成り立つ」ことを実証し続けている人、と表現する。修行を経てある域に達した仙人のよう、とも言う。

篠原は、創業以来、経営上の数々の壁を打ち破りながら成長を重ねてきた。目の前にあることを一生懸命、誠実にコツコツと積み上げて、今を実現した。

40年前に海外留学！　そして起業

1953年、高校を卒業した篠原は、三菱重工業に事務職として入社。4年後に退職し、結婚･離婚を経て、1966年、英語を学ぶためにヨーロッパへ留学した。最初は知人のツテをたどってスイスに、そして半年後にはイギリスに渡る。現在でこそ海外旅行者は年間約1,700万人に上るが、当時は100分の１以下の16万人程度だった。ましてや、海外留学や海外での就職などほとんどない。

3年後に帰国。しばらくは外資系企業の社長秘書として働いた。しかし、もっと英語を磨きたいという気持ちは高まるばかり。とうとう抑えきれずに、オーストラリア企業の

「女性は事務職だけ、なんてつまらない」

日本人スタッフ募集に応募した。見事合格してシドニーに渡り、マーケティング会社「ピーエーエスエー社」に社長秘書として入社。1971年のことである。

ここで篠原は、人材派遣で働いている人を初めて身近に見ることになる。社員が休暇を取ると、どこからともなく人が来て、さっさと仕事を片付けていた。その様子を見て、「どこから来るのかな？」と不思議に思った。周りの人に聞くと、そういうエージェントがあると言う。これが人材派遣業との出会いだった。イギリス留学時代に人材派遣会社社長の書いた本を読んでいたから、すぐにわかった。篠原は効率的な制度に驚くとともに、人材派遣という仕組みに興味を持つ。派遣されて働いている人も生き生きとしている。こんな仕組みが日本にもあればいいのに、と強く思った。

2年後にピーエーエスエー社を退職。帰国する直前に、運良く人材派遣会社の社長を務める女性に話を聞く機会を得る。2～3時間くらいだっただろうか。社内で社員の働く様子を見ながら話を聞き、お昼までご馳走になった。当時は意識していなかったが、これが篠原の起業の原点だったのかもしれない。

日本に戻った篠原は、再び就職活動を開始する。オーストラリアの企業のように、雰囲気が自由で、女性が生き生きと働くことができる会社を探したが、見つけることはできなかった。1970年代後半の日本社会は、まだ男尊女卑の考え方が色濃く残っていた。数社から内定をもらったが、すべて事務職だった。

「女性は事務職だけ、なんてつまらない」

就職先を決めかねていたある日のこと、人材派遣業を自分で始めることを思い付く。

オーストラリア就業時代（1971～73年）

「あれ、ちょっとやってみようか！」

ダメだったらやめればいい。またどこかに就職するか、いい人がいたら結婚しよう。ほんの軽い気持ちだった。

知り合いの税理士に、会社の設立手続を相談した。当時、株式会社の設立には7人の発起人が必要だったので、母親、兄嫁、親戚と、お願いできそうな人に菓子折を持って頭を下げて回った。「どうせ大したことができるわけはない」と周囲の反応は懐疑的だったが、7人の発起人を何とか集め、テンプスタッフが誕生した。

当時の日本企業には、まだ人材派遣業は根付いていない。営業活動のスタートは、おのずと外資系企業からとなった。「外資系といえば六本木」というイメージが強かったため、その需要を見込み、最初のオフィスを六本木に構えた。もちろん住む場所も一緒だ。4畳半のワンルームマンションにベッドを置き、カーテンで仕切ってオフィスをつくった。寝室兼オフィスからのスタートだった。

テンプスタッフの成長プロセス

お金がないという恐怖

創業して間もないころは苦労の連続だった。資金繰りがうまくいかず、給料遅配の危機も1回や2回ではなかった。

銀行に給料の振込依頼書を送っても、数日後に銀行から金額不足の連絡が来る。顧問税理士に相談しながら、考えられる限りの手を尽くして何とか乗り切ってきた。どうしても見通しが立たないとき、母親に保証人になってもらったことも数回あった。母親と同居している兄からきつくしかられた。それでも実家の母親の寝室に朝早く忍び込むようにして入り、拝むようにお願いして資金の工面をし、何とか危機を脱したこともある。

お金がないということに対する恐怖も大きくなった。社員を新しく採用しようと決めても、本当に給料が払えるのだろうかと、そのことばかりが怖かった。

顧客とスタッフから感謝されて

そのころの篠原は、「いつ会社をやめようか？」といつも思っていたという。実際に決意しかかったことも数え切れない。しかし、その都度「今やめてどうなる？」と思いとどまった。自分に負けることが嫌だった。せっかく始めたことを苦しいからといってやめてしまうことは、どうしても嫌だった。「もう少し続けてみよう」と必死に気持ちをつな

「自分に負けることが嫌だった」

いだ。

そんな葛藤の日々を経てしばらくすると、次第に感謝の声が届くようになる。顧客からは「いい人をありがとう。次回も期待しています」、派遣スタッフからは「良い職場で充実しています。今後ともよろしくお願いします」と、感謝されるようになった。そんな言葉がうれしくてたまらなかった。篠原は期待に応えたくて、気持ちを新たにして仕事を続けた。

権限委譲でモチベーションアップ

社員が20〜30人になったころ。

顧客への対応がぞんざいになっていることに気が付いた。仕事が忙しくなってきた社員は、電話で何かを依頼されても、自分の担当でない顧客だと丁寧に対応しない。面倒くさがったり、たらい回しにしてしまったり。そんな行動が気になった。このままでは「サービスの悪い会社」になってしまう。危機感を抱いた。どうすれば解決できるだろう。

考え抜いた結果が「支店展開」だった。

支店をつくれば、少なくとも責任者は、支店の全顧客に対して丁寧なサービスを提供し、売り上げを上げようとするだろう。そして、その行動は支店のスタッフにも波及するに違いない。支店長に権限を委譲してモチベーションを上げる。支店長のリーダーシップでスタッフ全員のモチベーションを上げる。これを狙った。

早速、全社員を対象に、銀座と新宿に支店を出すこと、その支店長を公募することを広報した。募集期限は一週間とした。しかし、一週間経っても、誰も何も言ってこない。がっかりして、「自分で指名しなければならないのか、適任者は誰だろう」と悩み始めたころ、2人の社員が別々に立候補してきた。

篠原は「しめた！」と心の中で叫んだ。応募してくるからには、当然責任の重さもわかっているはずだ。

「あなた、死んだ気でできるのね？」

それぞれの口から期待通りの声が返ってきた。

「はい、死んだ気で頑張ります」

こうして、まずは2つの支店を展開した。予想通り、支店長を中心に支店がまとまり、そしてみるみる業績が上がっていった。やる気のある社員に権限を委譲すれば、彼女たちは一生懸命努力する。そうすれば、良い結果は後から必ずついてくる。篠原は改めて確信した。

企業理念の大切さを知る

支店が増えてくると、その弊害も現れ始めた。

コミュニケーションの問題である。それまでは全社員と個々にスムーズなコミュニケーションが取れていたのが、だんだん難しくなってきた。1ヶ月に1度話せるかどうか、という社員も出始める。

そんな中、久しぶりに顔を合わせた営業担当の社員が話し掛けてきた。

「社長！『お得意様に頼られ、スタッフに信用されるテンプスタッフ』ですよね？」

スタッフが何を拠り所にして仕事を進めていくべきか、悩んでいたのである。これを聞いて、篠原は企業理念の必要性を実感した。

以前から制定することを勧められてはいたが、いまひとつピンときていなかった。会社がどこを目指していて、個々人はどのように行動すればよいか。社員が社長と常にコミュニケーションを取れる環境にあるときは、直接社長に聞けばよい。その環境がなくなってしまったとき、社員は戸惑う。そのときに必要となるのが企業理念なのだと納得した。

早速、企業理念の制定に向けて動き出した。検討を重ね、「雇用の創造」「人々の成長」「社会貢献」と制定した。今やテンプスタッフで働く全社員が、この企業理念を拠り所として、それぞれの仕事の場面で、自分で考えて行動している。

女性組織から、男女融合組織へ

年商が100億円に達するころ、売り上げが伸び悩むようになった。

篠原にはその理由がわからない。どうすれば売り上げを伸ばすことができると思うか、社員一人一人に聞いて回った。ほとんどの社員が、「もう十分営業している」「顧客が満足しているから、このままでよい」と、異口同音に答えた。それは違うと篠原は思った。何とかこの壁を突き破れないものか。

そんなときだった。ある支店から男子学生のアルバイト採用について相談があり、大した意図もなく了承した。創業以来、女性スタッフのみで運営されてきたテンプスタッフでは初めての男性採用である。しばらくすると、その支店の業績が上がってきた。原因を調べてみると、どうやら男性が入ったことによる効果らしい。

「そうか!」

篠原はひらめいた。男性という異質のものを入れることによって、組織は活性化するのだ。

続いてタイミングよく、大手商社に在職中の男性が入社を希望してきた。慎重に面接してOKを出した。入社早々彼と先輩女性社員たちとの間に摩擦が起こったが、売り上げは徐々に伸びていった。もっと男性を入社させれば、改革が進む。そう確信した篠原は、男性社員の採用を積極的に推進していった。そしてついに100億円の壁を打ち破る。

適性を見抜く

篠原は、人の適性を見抜いて活躍させることにも長けている。

採用面接時に篠原の言葉をきっかけに希望職種を変更し、その職種で今もなお生き生きと活躍している人は多い。同社営業推進部官公庁・学校法人ソリューション室長の後藤正子もその一人である。

1991年春、同社に転職活動をしていたときの話だ。希

望職種は、派遣スタッフのコーディネーターだった。二次面接が社長面接で、そこで初めて篠原と対面した。しばらく話をした後、篠原は自信たっぷりに言った。

「あら、あなた営業できるわよ」

後藤は内気な自分に営業なんてできるはずがないと思っていた。本当にそう思うのかと篠原に聞き返す。即座に、篠原が満面の笑みでうなずいた。後藤はその場で、営業職として入社することを決意したという。入社後3年でマネージャーに昇進。現在も、営業の前線で活躍している。

人の力を見抜き、その気にさせて、さらに力を発揮させる。篠原が才能を掘り起こした話は、テンプスタッフ中に転がっている。

社内ベンチャーで20年来の夢を実現

これらのモチベーションアップ策は、2000年春、社内ベンチャー制度へと発展した。第1号に認定されたのは、西内隆昭である。

西内は現在、保育スタッフの人材派遣・紹介サービス等を展開するテンプスタッフ・ウィッシュ株式会社の代表取締役社長を務めている。バブル絶頂期に大手百貨店の美術部門で、10億円の絵画を売った実績を持つが、1992年に百貨店を辞め、テンプスタッフへ入社した。

西内は常々、女性が働くことをサポートしたいと強く思っていた。子育てと仕事を両立させようとして悩む女性社員。働きたいのに育児のために働けない派遣スタッフ。働きたくて悩む女性と数多く接してきた西内は、社内ベンチャー制度が発表されたとき、すぐに「これはチャンスだ、応募しよう！」と決意した。多忙な仕事の合間を縫って、何とか11月から企画書を書き始めた。12月初旬にA4用紙3枚にまとめ上げ、篠原にメールで送った。

次の日、何の前触れもなく、篠原から電話がかかってきた。

「あさってお客様のところに行くから、来て下さい」

戸惑いつつ同行した。その後も次々と、関連する会社に連れて行かれる。12月中に、5～6社を訪問した。

20年ほど前、実は篠原も、子育てで苦労する派遣スタッフの様子を見て保育所の必要性を痛感していた。そのときは時期尚早だったのだろう、事業化のめどが立たなかった。だが篠原は、「いつか必ず実現したい」という思いを持ち続けていた。それを今、自分以外の社員が提案してくれた。実現できるかもしれない。自分の夢でもあった事業の実現を前に、気合が入るのも無理のないことだった。西内も、篠原の並々ならぬ決意を感じたという。

提案から1ヶ月も経たない、クリスマスも間近のころだった。商談に同行した帰り道、代々木駅から本社ビルまでの道を並んで歩いていると、突然篠原が立ち止まり、西内の目をじっと見つめて聞いた。

「あなた、本当にやる気があるの？」

西内は急な問い掛けに戸惑い、小さな声で「はい」と答えた。

篠原は再度聞いた。

「死ぬ気でやる気があるの？」

今度は腹の底から力を込めて答えた。

「はい、がんばります」

それから数日後、その年の最終営業日。全員で大掃除をしているときだった。篠原から電話がかかってきた。

「役員会、通したから」

スタッフから現状報告を受ける篠原

さらりと言われた。

任せてもフォローはしっかり

こうして2001年5月、テンプスタッフ・ウィッシュが設立された。年明けから西内は休みも取らず、設立に向けての準備にかかりきりとなった。

当時西内は、スキルアップ教育・研修事業を手掛けるグループ会社、アカデミーテンプと同じフロアで仕事をしていた。毎週土曜日の午前中には、篠原が欠かさずアカデミーテンプにやって来る。外国人教師と会話をし、英会話をブラッシュアップするためである。

英会話が終わると、必ず西内のところに立ち寄った。雑談をしながら現状を確認し、必要に応じて西内にアドバイスをした。篠原は、ウィークデーの業務時間中は一切指示を出さない。西内に任せきっているかのように見える。しかし、本当は常に見守っていたのだ。「あの時間がすごく貴重でした」と、西内は当時を振り返る。
「任せた」と言って、経営者として必要な苦労や経験を積ませる。しかし、要所要所でしっかりと確認しアドバイスすることを怠らない。将来の幹部候補を育成する、篠原流のやり方である。
現在、テンプスタッフグループは41社になった。それぞれの会社で、同じように幹部候補が育成されている。

これからのテンプスタッフ

テンプスタッフ上場、その狙いは？

2006年3月17日、テンプスタッフは東証一部に上場した。
今まで創業者として経営に携わってきたが、いずれは交代のときが来る。パブリックカンパニーとして、透明性の高い、健全な事業体として末永く成長していってほしい。事業展開をするに当たって、社会性を持った会社となる必要もある。
今後も、女性の支援をはじめ、人材派遣市場におけるさまざまなニーズを先取りしていくことを考えている。2006年よりスタートした中長期戦略では、「女性の就業支援」「専門化する労働市場への対応」「グローバル戦略の強化」という3つの柱を掲げた。新会社を設立したり、他社と事業提携したりと、それぞれのマーケットに適した方法で、具体的かつ積極的な事業展開を開始している。

女性のチャレンジを応援！

中長期戦略の一つである「女性の就業支援」。

以前から女性を支援するいろいろな活動を実施していたが、それを整理し直し改めて会社の方針として、「女性支援」を明確に打ち出すことにした。プロジェクト名は、「輝く女性にエールを！　テンプ・ステップ・ジャンプ！Project」。「仕事」「働くこと」を中心に、さまざまなライフステージやニーズに合わせ、女性のチャレンジを支援する。

テンプスタッフは女性が60％を占める会社である。女性の働きやすさを、もっともっと追求していきたい。自分の会社だけではない。今の日本の少子化問題を解決するためには、女性が子供を産める環境を整える必要がある。出産後に仕事が続けにくいという状況を改善していかなければならない。働きたがっているのに、働けない女性。そして女性に仕事を続けてほしい企業。この状況を自社で率先して改善し、応援しようと思った。

情報発信コンテンツを自社ホームページ内に設置した。チャレンジする女性への応援メッセージや、各種セミナー、保育サービス、育児と仕事の両立支援セミナーなど、プラットホームから幅広い情報を提供している。

篠原的起業アドバイス

やりたいことから始めるの

「やりたいことを、小さく生んで大きく育てる」

まさに篠原が実現してきた方法だ。人にはそれぞれ「やりたいこと」や「楽しいこと」がある。みんなに美味しいものを食べてほしいとか、子供の相手をしていると時間を忘れるとか。それを実現させるために、レストランを開業したり、幼稚園を経営したりする。掛け離れているように感じるかもしれないが、それが起業するということだと篠原は考える。

女性の特性を生かすことも重要だ。女性は身の回りのことに関して豊かな感性を持っている人が多い。それを生かして、自分がやりたいと思うことをまず軽くやってみる。小さく始めてノウハウをつかむ。そこから少しずつ広げていく。

起業を考える女性が増えてきた。篠原はいつも、まず何をしたいのかありきだ、とアドバイスしている。

適性を決めつけない

世の中には「自分の適性を見極めて生きるべき」とアドバイスする人が多い。それを真に受けて、人は「自分は何に向いているのか？」と適性について悩む。「自分でわからないものが他人にわかるのか？」と疑問を感じながら、周りからアドバイスをもらったりもする。

一方、篠原の考え方はわかりやすい。

人間は本気でやる気を出したら何でもできる。だから、早くから私はこれに向いているなどと決めつけなくてもよい。人にはそれぞれ優れたところが必ずある。じっくり焦らず探すべきだと言う。篠原自身、起業してしばらくは自分がこの仕事に向いているなんて思いもしなかったのだ。篠原の最終学歴は高校卒業である。経営学の講義を体系的に聞いたこともない。経済の原理原則も組織のつくり方も、起業してから身に付けた。

今を一生懸命生きる

とはいっても篠原は、何気なく日々を過ごしてしまうことを勧めているわけではない。待っているだけではチャンスは来ない。

「今、目の前にあることを一生懸命やるの、そうすればパチンとチャンスが来るのよ」

篠原が折りに触れて社員に伝えている言葉である。今の延長線上にしか将来は積み上げられない。今を大事にして努力すれば、必ず発展的に未来につながっていく。そう篠原は力説する。

先のことを考えなければならないときもあるが、本当は5年先10年先のことなんて誰にもわからない。しかし、今携わっている仕事に、自分が必要とされていることは確かだ。

その仕事にまじめに取り組んでいると、必ず培われるノウハウがある。新しい知識も得られる。そして、関連したチャンスが必ずやって来る。

適性には2種類あると篠原は考える。過去の人生を通して培われてきたその時点までの適性と、将来にわたって培われていく適性である。後者は、日々の努力によってより大きく広がっていく。

隣の芝生は青く見える。しかし、行ってみたら虫がいるかもしれない。雑草が生えているかもしれない。だから隣に行くのではなくて、今いるところで一生懸命やる。今あることをきちんとやらないで次のことを始めたとしても、得るところなんて何もない。

生きがいの感じられる仕事をしてほしい。働きがいのある仕事を通して充実した人生を送ってほしい。心の底からそう思い、篠原はエールを贈り続ける。

3つの成功ポイント

①今を大事に、誠実にコツコツと
当たり前の経営を積み重ねる

②やる気のある人に権限を
個々人の力を引き出し、将来の幹部を養成する

③女性支援
社会的ニーズと人材派遣ニーズのマッチング

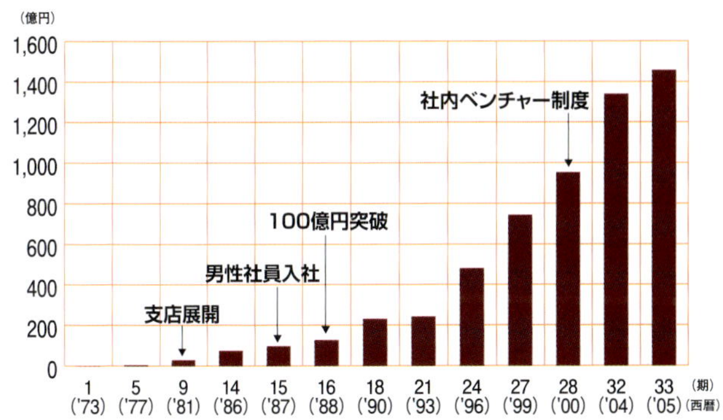

会社名	テンプスタッフ株式会社
上場	東京証券取引所一部上場
事業内容	一般労働者派遣事業、有料職業紹介事業、保育事業
本社所在地	東京都渋谷区代々木2-1-1 新宿マインズタワー
設立	1973年（昭和48年） 5月
代表者	代表取締役社長　篠原　欣子（しのはら　よしこ）
資本金	9億1,900万円
従業員数	1,914人（連結）
売上高	2,129億2,000万円（2006年3月期）（連結）
URL	http://www.tempstaff.co.jp/

2006年3月31日現在

沖縄でラム酒をつくる夢を実現

株式会社グレイスラム
代表取締役社長　金城　祐子

OKINAWAN RUM
COR COR
株式会社
グレイスラム
GRACE RUM CO., LTD

本社はサトウキビの島

株式会社グレイスラムは、沖縄電力の社内ベンチャー制度から生まれたラム酒の製造販売会社である。本社は、那覇から400キロメートル離れた南大東島にある。

サトウキビを原料としてつくられるラム酒。グレイスラムの代表取締役社長を務める金城祐子は、事業採算性を調査する際に、サトウキビを基幹産業とする南大東島を初めて訪れた。

「ラム酒をつくるのはここしかない」

辺り一面のサトウキビ畑を見て、そう思ったという。

金城が南大東島でラム酒事業を始めたがっていると聞いて、南大東島の役場の人たちは地域産業の振興につながると歓迎してくれた。サトウキビの生産量は天候に大きく左右され、島の財源は国からの地方交付税や補助金に依存していることに危機感を抱いていたからである。

しかし、一般島民には警戒された。「なぜ沖縄電力が？」「島の人間ではないよそ者が、それも女性がやるの？」と不信感を持つ人もたくさんいた。南大東島は1946年まである企業の経営支配下にあったから、大企業である沖縄電力の名前が出れば警戒する島民が出るのも当然である。金城は、島を利用して金もうけをしようとしているのではないかと疑われた。

「沖縄電力といっても、ベンチャー企業です」

と、誤解や警戒を解くために、金城は役場の人たちと島民一人一人に説明して回った。だが、ベンチャー企業自体について理解のない人たちを説得することは難しい。
「言葉で説得できないなら態度で示すしかない」
それからは、島で会う人みんなに「こんにちは」と挨拶をした。地道な努力だが、その甲斐あって徐々にグレイスラムについての理解が広がっていく。島の人たちから温かい支援を受けるようになった金城は、いつしか島とともにグレイスラムを発展させたいと強く願うようになった。
南大東島に事業所を置いている企業はいくつかあるが、本社を置いている企業は少ない。「なぜわざわざ南大東島でなければならないのか」という反対意見が沖縄電力内にもあったという。しかし、金城は断固として譲らなかった。
「自分の会社が潤えば、島も潤うようにしたい」
と、本社を南大東島に置いた。

周囲のサポートが行動力を経営力に変えた

まずやってみる！

金城はとにかくフットワークが軽い。
何でも自分でやるし、思い付いたらまずやってみる。社長になった今でも、配達に雑用、サトウキビの刈取りと、どんな仕事でも率先してやる。周りの社員から、「グレイスラムの肉体派」と呼ばれるほどだ。
ベンチャー企業では特に、社長だからといって「私は社長です」と机に座っているわけにはいかない。社長が自ら動き、気持ちを伝えなければ、社員や取引先を動かすことはできない。

仕込みタンクを清掃する金城

金城も「人間関係」や「コミュニケーション」をとても大事にしている人間だ。特に工場にはできるだけ足を運んで、技術者から意見を聞くようにしている。自分の気持ちもきちんと伝える。つくり手の力が商品を左右するため、技術者とのコミュニケーションは欠かせない。

動いていればつまずくこともある。しかし、「つまずき」は成長をもたらし、その蓄積は大きな財産となる。自分が動けば、必ず周りも反応してくれる。独りでは解決することのできない難問にも、誰かがヒントをくれるかもしれない。

きっかけは飲み話

派遣社員からベンチャー企業の社長になり、ドラマのヒロインのように紹介されている金城だが、起業までの道のりは決して平坦ではなかった。

起業のきっかけは、バーでの飲み話。そこで出たアイデアで社内ベンチャー制度に応募した。資料を集めながら、自分のアイデアを一つ一つ具体的な文字に起こしていくのが金城には楽しかったという。プレゼンでは、知り合いのバーテンダーにラム酒のカクテルをつくってもらうという奇策で2次審査を通過した。

事業採算性の調査までは順調に進む。しかし、ここからが大変だった。金城には経営や事業計画作成の経験などまったくなかったからである。

「ラム酒製造プロジェクトチーム」

金城が所属する、沖縄電力内プロジェクトチームの名称である。子会社(当時)のアステル沖縄の社員だった金城は、これを機に沖縄電力に出向する形となった。ただし、メンバーは金城のみ。事業開発部のスタッフやコンサルタントがサポートしてくれることはあっても、フルタイムではない。社内ベンチャーとはいえ、起業の準備は基本的に自分独りで行わなければならなかった。

経営者とは孤独でハードな仕事であり、起業よりも経営を維持していくことがより困難であるという。起業するにはその覚悟が必要である。金城にも、孤独な試練が始まった。

社内ベンチャーも楽じゃない

調査のために、沖縄電力の社員とともに地元の泡盛メーカーを訪問する。沖縄電力という名前を出すと、警戒され嫌がられた。島を利用して金もうけするのではないかと疑う島民もいた。

ラム酒づくりの技術者探しも難航した。大学や専門学校

「島を利用して金もうけするのではと疑う島民」

を回ってみたが、新卒の学生の中に新しい醸造所を任せられる人間はやはりいない。醸造経験者を何人も面接したが、南大東島へ移住することはできない、ラム酒はつくったことがないと断られた。ラム酒の本場から外国人を招くことも検討したが、言葉や費用の問題、そして何よりも沖縄の味が出せないということで断念した。

技術者が見つからない状況で、コンサルタントは酒造メーカーとの技術連携による事業化を模索し始めた。金城の思い描く企業像とかけ離れた方向に事業化が進められていく。これでは私が描いている工場は生まれない。私が起業する意味がない。

社内ベンチャー制度だから、当然親会社から十分な採算性を求められる。資料づくりのため毎日深夜まで働き、ストレスで食事も取れない。頭痛で眠れず、病院の救急で点滴を受けるほど精神的にまいっていた。息子とのコミュニケーションを取る時間もなく、ゆっくり抱いてやることもできない。息子は保育園になじめなかった。友達をかんでしまうこともあり、保育園の先生からスキンシップを大事にするよう忠告された。

ついに、金城は限界に達した。

「私にはできません。もうやめます」

この起業は会社のためでも誰のためでもない。自分のためである。家族を犠牲にしているにもかかわらず自分の思い通りにならない状況に、金城はいら立っていた。

家族の理解が起業を支える

「無理だと思うのならやめればいい。無理してやる必要はないよ」

泣いている金城に夫は優しかった。夫は、忙しい妻の代わりに家事もしてくれた。母親は、毎日息子の面倒を見てくれていた。

自分のわがままで始めた起業。夫や母がつくってくれたたくさんの時間を費やして、ここまでやってきた。今やめてしまったら、すべてが無駄になる。沖縄でラム酒をつくることも夢で終わってしまうかもしれない。金城は思い切り泣いた後、そんなことを考えながらどんどん気分が落ち着いてくるのを感じた。

温かい贈り物

そんな金城を、支援してくれる人がいた。故照屋聡は、アステル沖縄時代の元同僚で、彼女の最大の理解者だった。

「アステル沖縄の仲間から応募者が出て僕は本当にうれしい。女性は初めてなのでしんどいかもしれないけど、応援するから頑張って」

と、起業経験を持つ女性を紹介してくれたのである。チームに仲間が一人加わった。

沖縄電力の審査担当役員の中にも金城を信じ支えてくれた人がいた。「金城では無理だ」という意見が多くを占める中で、金城に賭けてくれた。この役員の支援もあって、さらにまた一人仲間が加わる。

「最終審査まであと1ヶ月。もう一度頑張ってみよう」

金城は、自分の周りに信頼できる人たちがいることを心強く思った。

起業には信念を貫き通すことが大事

そしていよいよ最終審査を迎える。

「今やめてしまったら、すべてが無駄になる」

「一途な気持ちが周囲を巻き込む」

その日のプレゼンは、自分自身も「今日はイケてるぞ」と思うほど、見違えるような出来だった。「自分はこれがやりたい」ということが明確になっていたから、役員からどんな質問をされても自信を持って答えることができた。無事、事業化が承認される。

金城自身は自分の信念を貫き、「自分のやりたいこと」をやり通しただけなのかもしれない。しかし、その一途な気持ちが周囲を巻き込んだ。周囲の協力があってこそ得られた承認だった。

「大泣きしたことで気持ちを切り替えることができた」
と金城は語っている。その日を境に別人のように変わった、と周囲も認める。承認されたときは、うれしさよりも、これでやっとスタートラインに立てるという気持ちの方が強かった。そして、これからが本番であり、これまで以上に大変であることも覚悟していた。金城はもう「普通のOL」ではなかった。「経営者」としての自覚が芽生え始めていたのである。

三顧の礼で技術者を射止める

とはいっても、解決しなければならない重要な問題がまだ一つ残っていた。工場でラム酒を製造する技術者の採用である。

しかし、勢いに乗っているときには運も味方するものだ。再び技術者探しを始めた金城に、良い知らせが届いた。ベテランの杜氏が退職して仕事を探しているという。後にグレイスラムの工場長を務めることになる玉那覇《たまなは》である。

玉那覇とは以前に知り合いから紹介を受けて面識があった。経験が豊富で、ラム酒工場を一から立ち上げるにはうってつけだったが、当時は在職中であったため勧誘をあきらめていた人物である。この知らせを聞いて、金城は早速玉那覇にアタックした。

「私はどうしても南大東島でラム酒をつくりたい」

「ゼロからの事業を成功させるには、工場長の経験もあるあなたのような方が必要です」

「何人も断られました。もうあなたしかいない」

金城は3時間もの間、誠心誠意、玉那覇を説得し続けた。ゼロから出発しようとする金城に夢を感じた玉那覇は、ついに工場長就任を引き受ける。パズルの最後の1ピースが見つかった。

空港跡地にラム酒工場を建設

「何人も断られました。もうあなたしかいない」

夢へのライセンス

「沖縄は規制が緩いのですか」

グレイスラムが酒造免許を取得したとき、金城はいろいろな人にそう聞かれた。それほど酒類の製造免許を取得することは困難なのである。会社を設立しても、製造免許がなければラム酒をつくることも販売することもできない。金城にとって、製造免許はまさに「夢へのライセンス」だった。

製造免許の申請は税務署で行う。税務署は、資金力・原料調達力・製造能力・販売力などを確認できなければ申請書すら配布してくれない。申請書をもらうだけで何度も通わなければならなかった。南大東村や沖縄電力のバックアップもあって、グレイスラムはほとんどの評価をクリアしたが、販売力の証明だけが問題だった。国産のラム酒など、過去に販売された実績がない。市場を調査するにも、免許がなければサンプルもつくれない。試作品は実験のためにしかつくれず、実験を行った研究室から持ち出すことはできないことになっている。これでは酒販店や洋菓子店の反応もわからない。仕方なく市場性を定量的に証明することをあきらめ、金城はスタッフや支援者と手分けして、酒販店やバーを一軒一軒訪問して署名活動を開始する。そして沖縄県内外200件の「承諾書」を集め、これを資料として税務署に提出した。

2004年10月18日、ついに最後の関門である製造免許を取得する。承諾書には何の効力もないはずである。本当に売れるという保証は何もなかった。これだけの承諾書を集められるグレイスラムの人的ネットワークが評価されての認定だった。

同年12月22日、南大東島の本社工場にて初蒸留。翌

2005年7月30日に初出荷した6,000本は予約で即完売した。

グレイスラム 起業成功の理由とは

資金不足は人脈でカバーする

沖縄電力の社内ベンチャー制度では、提案者が資本金の3分の1超を出資しなければならなかったため、金城は銀行から借金をして出資金を工面した。だが、1,000万円の資本金のほとんどは工場の設備投資に消え、グレイスラムには資金的な余裕がまったくなかった。

ところが、金城の人を惹き付ける不思議な魅力がこれを

酒類製造免許取得！（北那覇税務署前にて）

「出会った人は誰もが、苦労は承知で一緒にやりたいと思った」

カバーした。金城は、取引先や支援者にも包み隠さず自分を見てもらう。正直に、「今こんなことで悩んでいます」と話す。するとアイデアを持っている人を紹介してくれる。こうして人と人とのつながりが広がっていった。自分のありのままの姿を見せ、それでも助けてくれるなら助けて下さいという彼女の姿勢は潔い。金城と出会った人は誰もが、苦労は承知で一緒にやりたいと思ったという。グレイスラムの社員も、皆人づてに紹介された。

当初は警戒していたはずの南大東村の人々も、事業化の最終審査や酒造免許申請の際には、「島のためにもラム酒事業は必要だ」と陳情してくれた。市場調査や酒造免許申請のための署名活動で訪問した酒屋や洋菓子店の人々も、みんなが金城に惹かれた。マスコミ関係の仕事をしている浦崎取締役の人脈も加わって、ネットワークはどんどん拡大していった。今では「グレイスラム応援団」という名前が付くほどに、支援者の輪が広がっている。

グレイスラム応援団とメディア戦略

パブリシティを効果的に活用したことも、大きな成功要因の一つである。沖縄電力の子会社とはいえ、援助はほとんど受けていない。中小企業であるグレイスラムに大々的に宣伝広告を打つ予算など当然ない。金城は、自身が積極的にメディアに出ることでグレイスラムと南大東島をPRすることにした。

泡盛の本場で「ラム酒を製造」し、工場は「南大東島」、社長は「女性」という話題性から、発売当初は多数のマスコミで報道された。広告宣伝費に換算すれば数千万円に匹敵するだろう。グレイスラム応援団も、あちこちに駆けずり回って宣伝してくれた。

メディア戦略とグレイスラム応援団の協力とが功を奏し、初出荷から数ヶ月は予約のみで毎月完売状態が続いた。グレイスラムの知名度は一気に向上し、金城自身も、「日経ウーマン・オブ・ザ・イヤー2005」や環境省「環境ビジネスウィメン」第2期（平成17年度）メンバーに選出されるなど、注目を浴びる存在となる。

ラム酒イメージの刷新

グレイスラムの社員はほとんどが女性である。

ラム酒といえば、これまでは男性的で地味なイメージが強かった。そんなイメージを一新するために、まずはボトルを丸みのあるラインにした。ラベルも、沖縄在住の個人デザイナーに依頼し、南大東島をモチーフにした緑と赤の鮮やかなデザインにした。日ごろバーに行く機会の少ない女性にも、自宅やホームパーティで気軽に飲んでもらえるように、カクテルの簡単レシピをつくって公開している。グレイスラムのラム酒は無添加・無着色。お菓子やお料理に、と食の安全や安心にこだわる主婦やプロの菓子職人にも積極的にアピールしている。

ラム酒のイメージをおしゃれなものに変えていこうという発想の数々。意識しているわけではなく、楽しんでいるように見える。女性ならではの能力であり、グレイスラムの強みでもあるのだろう。

グレイスラムのこだわり

ボトル詰めからラベル貼りまで、グレイスラムのラム酒は1本1本手づくりで生産されている。南大東島の工場で、

夢を共有する仲間たち

製造から出荷、販売まですべて行う。ラム酒の一貫製造工場、しかも国内産原料を使用して生産している工場を建設したのは、国内ではグレイスラムが初めてだったという。

ラム酒には、製糖の際に出る「糖蜜（アンデュストリル）」からつくるタイプと、サトウキビを搾ったジュースを蒸留した「アグリコール」タイプの2種類がある。グレイスラムは2種類とも生産している。添加物や着色料を使用していないため、いずれも甘みは少ない。独特の香りで、プロの菓子職人からも個性的なお酒として評価されている。

手づくりのため、現在の月産能力は約5,000本。設備投資をして機械化を行えば、生産能力を上げることはできる。コストを下げれば売り上げの増加も期待できる。しかし、金城は「こだわり」を捨ててまで売り上げを上げようとは思っていない。環境に優しく、安全で安心なラム酒を届けたいと考えている。自分たちのやり方を貫き、そのこだわりを理解してくれるお客様に商品を買ってもらえれば、それだけで十分である。

夢があるから続けられる

グレイスラムの夢

事業を進めていく上で、島の人々には大変助けられた。感謝の気持ちを込めて、金城はグレイスラムが地域とともに発展する仕組みをつくりたいと考えている。

現在のグレイスラムには多くの従業員を雇う余裕はない。しかし、会社が一本立ちして大きくなったら、地元の人材だけで工場の運営を可能にしたい。農家にはサトウキビ以外にフルーツも生産してもらい、それを仕入れてリキュール酒をつくりたい。島の子供たちも、大きくなったら働きたいと思ってくれるかもしれない。杜氏になりたい、と専門学校に行って醸造技術の勉強をしてくれるかもしれない。子供たちに、そんな夢を与えたい。

南大東島をラム酒で有名な島にして、世界中からラム酒の技術者を集めてセミナーを開催しよう。そうすれば、南大東島の名前が世界に広まる。島も恩恵を受けることができるだろう。島とともに生き、島とともに発展する。金城がひそかに胸に抱いている夢である。

注目されているグレイスラムには、宣伝広告やイベント

協賛など、多くの申し込みがある。金城にも、ビジネスコンテストの審査員や大物経営者との対談といった、さまざまな企画が持ち込まれる。

「きっとお酒の魅力じゃないですか。（このブームは）みんなそれで酔わされているんですよ」
と金城は笑う。

確かに「酔わされて」いるのかもしれない。このブームをいかに維持するか。あるいは、ブームが過ぎても「また飲みたい」とお客様に思わせるにはどうしたらよいか。金城にとって、グレイスラムにとって、これからが本当の勝負である。

3つの成功ポイント

①発想力

既成概念にとらわれない

②ネットワーク構築力

人脈が人脈を生む

③地域密着型経営

島民のサポートを得る

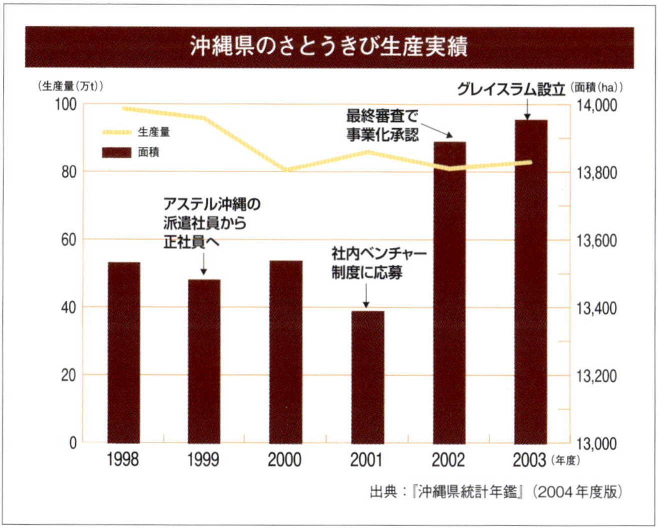

会社名	株式会社グレイスラム
上場	非上場
事業内容	ラム酒製造販売
本社所在地	沖縄県島尻郡南大東村字旧東39-1
設立	2004年（平成16年）3月1日
代表者	代表取締役社長　金城　祐子（きんじょう　ゆうこ）
資本金	1,000万円
従業員数	4人
売上高	5,600万円
URL	http://www.rum.co.jp

2006年8月1日現在

皮膚科医発・六百万個を売り上げたゲルの秘密

株式会社ドクターシーラボ
代表取締役社長　石原　智美

社会的信頼を勝ち取る

創業から6年で東京証券取引所一部上場を果たす

2005年2月22日、株式会社ドクターシーラボは東証一部上場を果たした。1999年の創業から6年の偉業である。

この会社を率いるのは、石原智美代表取締役社長。上場時に最年少社長の記録を塗り替えた今注目の女性社長である。

ドクターシーラボは「アクアコラーゲンゲル」を主力商品とする化粧品の開発・販売会社である。「洗顔後はこれひとつ」というキャッチコピーで大ヒットしたテレビCMも記憶に新しい。

上場時に石原が強く思ったのは、「信頼や企業価値というものがなくては大きな仕事はできない」ということだと言う。

「化粧品を通して社会貢献をしたい！」

信頼を勝ち取るために、そして、肌トラブルに悩むすべての人たちを本当の意味で救うために、石原は上場を一つの目標としてきたのだ。

ドクターコスメの誕生

たった3人からのスタート

ドクターシーラボの出発点は、会長で皮膚科医の城野親《しろのよし》徳《のり》が1994年に開業したシロノクリニックにさかのぼる。当時、シロノクリニックは城野と石原のほかにもう一人、という3人のメンバーで運営していた。

クリニックを訪れる患者さんはさまざまな悩みを抱えていた。中でも非常に多かったのが、「自分に合う化粧品がない」という相談だった。そこで、成分を選んで低刺激性の化粧品をいくつか処方し、クリニックに置き始めた。

しかし、いくら低刺激化粧品でも石油系油分や香料が少しでも入っていれば、レーザー治療後に使用すると色素沈着などのトラブルをまねくことが後を絶たなかった。肌のためには添加物の入っていない化粧品を使ってほしい。そんな想いから、自分たちで化粧品をつくろうと決めた。

できあがったのはアクアコラーゲンゲルの前身となるゲル状の化粧品。最初は院内で処方し、必要な患者さんに渡す

東京証券取引所一部上場（2005年2月22日）

だけだった。クリニックが大きくなり、全国から患者さんが集まるようになると、徐々にゲルが話題になった。あちらこちらに送っているうちに、それでは化粧品としてきちんと製品化しようということになった。

妥協できない製品づくり

まず始めたことは、患者さんにアンケートを取ることだった。

既存の化粧品で不満な点はどこか、どういうものを使いたいのか。石原は、製品化の前に生の声を聞きたかった。こつこつと集めたアンケートは、実に7,000人分に及ぶ。アンケートには「自分の肌質がわからない」「産後、急に肌質が変わって何を使っていいのかわからなくなってしまった」といった悩みが記入されていた。中でも意外だったのが、「面倒くさい」という正直な意見だった。

さらに、会長（皮膚科医）城野という男性の発想が製品化に大きな影響を与える。

「化粧水、乳液、クリームと、どうしていくつも使う必要があるの？」

という城野の素朴な疑問……。

「化粧水を使って、その上に乳液を使って、化粧水が蒸発しないための膜をつくって…」

と説明する石原に、城野はこう答えた。

「皮膚科医として皮膚のことを考えると、そのような手間をかける必要性がわからない。とにかく保湿をすることが美肌づくりの最大の方法なのでは？」

石原の目からウロコが落ちる。確かにアンケートにも、「きれいにはなりたいけど面倒くさい」という声が多かった。「これ一つでできるスキンケア」というコンセプトが、こうして生まれる。

「肌に負担をかける鉱物油を使わずに塗布した肌表面の保湿保持力を高めるには、ゲル状の素材が一番適しているだろう」

製品の構想も固まった。

しかし、「ゲル状」の化粧品は当時はまだ珍しい。いざ製品開発を始めると困難の連続だった。肌に良い有効成分を入れれば入れるほど、想いとは裏腹にニオイも色もひどいものになっていく。とても売り物にはならない。どうやったらニオイをなくせるのか、どうやったら「使ってみたい！」と思えるものになるのか。

毎日のように製造先とのやりとりが続いた。両者ともあまりに真剣だったので、やりとりというよりは喧嘩に近かったという。

「患者さんのことを思えば、妥協することはできない」

皮膚科医として、城野は毎日多くの患者さんと向き合っている。それだけに、製品づくりに対する信念はすごかったと石原は振り返る。あきらめずに試作を何十回も繰り返した。成分を減らしたり増やしたりと試作を繰り返すうちに、ただ単に成分量の調整だけでなく、調合やかき混ぜ方でも化粧品は変わってくることがわかってきた。

納得する製品ができるまで、実に3年の歳月を費やした。そして、1998年12月12日、ついにアクアコラーゲンゲルが産声を上げる。自信を持ってお客様に勧められる商品が完成した。

「大切なのは手間ではなく、皮膚に与える保湿である」

アクアコラーゲンゲル　スーパーモイスチャー

どうやって市場に認めてもらうか

主にクリニックの患者さん用として、最初は1,000個つくった。1,000個とはいっても、それだけの数を抱えるのは大変なことだった。いくら患者さんのニーズがあるからといって、そう簡単に売れる数ではない。倉庫もなく、事務所が製品でいっぱいになった。

城野には医師としての仕事がある。販路開拓や広告宣伝は、石原が行わなければならなかった。販路に当てがあるわけでもない。宣伝しようにも、最初は広告を出す資金的余裕もない。教えてくれる上司も先輩もいない。石原は体当たりで、問題を一つ一つ解決していった。

まずは知名度を上げるために、記事を書いてもらおうと雑誌社と新聞社に頼んで回る。3ヶ月間歩き回り、100人近い人と名刺を交換した。会社の知名度がないため、会ってもらうだけでも大変だったという。

会ってくれても反応はさまざまだった。好意的でない反応も多かった。「お医者さんがつくったってウソっぽい」などと厳しいことを言う編集者もいた。回り始めて3ヶ月が経ち、「シーラボさんって聞いたことがある」と初めて言われた。飛び上がりたくなるほどうれしかった。

お金がないのでホームページは城野がつくり、パンフレットには城野の妻が登場していた。そして、石原自身は手のモデルを務めた。

商品はなかなか売れなかった。しかし、石原にとっては、刺激的で充実した毎日だった。

地道な努力が報われて

進まぬ販路開拓

宣伝と並行して、販路開拓も開始する。まずは通信販売から着手した。

当時はインターネットでの販売がまだ一般的ではなかったため、雑誌に広告を載せて電話で注文を受けるやり方が中心だった。PRで回っていた雑誌に少しずつ掲載してもらったが、爆発的ヒットにはつながらない。

「とにかく売り先を探さなければ」

石原は必死だった。コスメショップに商品を並べてほしいが、流通の知識もなく、どうすればよいかまったくわからない。

「知らなければ、聞くまでだ」

会社の近くにコスメショップがあった。そのお店で「こういう商品はどこで仕入れるんですか」と尋ね、卸会社を教えてもらうことができた。卸会社に電話をかけると、早速担当者が会ってくれると言う。石原はすぐに売り込みに行った。

しかし、「半年経ったらもう一度来て下さい」とあっさり取引を断られてしまう。

思わぬ追い風

一方、クリニックの患者さんたちの評判はどんどん上がっていった。治療と治療の間の処方せんとして出していたのだが、「治療が終わっても使い続けていたら、どんどんお肌が良くなっていった」とか、「プラス、アトピーが改善されてきた」とか、「肌の弱い家族にも使ってよいですか？」とか、「家族みんなの肌が良くなってきました！」などの反響が口コミとなり、ネットにも広がっていった。さらに「簡単に手入れができる」「クリームよりも軽い使い心地」「お医者さんがつくったから安心できる」とプラスアルファの評判で、電話注文が殺到。欠品となり、手に入らないという状況がさらに追い風となって、アクアコラーゲンゲルは飛躍的に認知されていった。

転機　～セフォラ銀座店への納入～

さらに創業から数ヵ月後の1999年7月のことだ。ドクターシーラボの雑誌広告が銀座に出店を計画していたセフォラの副社長の目に留まる。記事を見た副社長が電話をかけてきて、翌日には会社を訪ねてきた。そのときの話がとても印象的で、今でも記憶に残っているという。

「アメリカのスキンケア市場では、現在メディカルコスメがスキンケア市場の30％を占めている。今後は6割、7割とますます拡大していくだろう。日本にも必ずそういう時代が来るから、セフォラ銀座店の3階フロアーはすべてメディカルコスメで埋め尽くしたい。ドクターシーラボの商品も是非置きたい」

と、副社長は熱く語った。その話を聞いた石原は「是非置かせて下さい」と即答。11月にオープンするセフォラ銀座店への商品納入が決まる。

セフォラ銀座店は開店直後からものすごい人気だった。3階メディカルコスメフロアにもたくさんの人が訪れた。ドクターシーラボのスキンケア商品は、たった6アイテムだったにもかかわらず、いきなりフロア内の売り上げ1位を獲得。その後も消費者の支持は増え続け、しばらくの間売り上げ1位を維持した。

これが話題を呼んで記事となり、ドクターシーラボはますます多くの女性に認知されていくことになる。

セフォラ納入が契機となり、販路も開けてきた。「半年後にまた来て下さい」と以前に断られた卸会社との取引が始まったのである。

断られてからちょうど半年後だった。石原が電話をすると、「石原智美さんですね」と卸会社の担当者がフルネームで名前を言ってくれた。セフォラの評判を聞き、今電話しようと思って名刺を出したところだったと言う。無駄のように思えた努力が報われていった。

翌年には、卸ルートを通じて、大手バラエティストアや百貨店への納入が本格化する。

「広告に『メディカル』や『ドクター』という言葉は載せられない」

粘り勝ち！
アクアコラーゲンゲルの飛躍

伝えるために何度も足を運ぶ

販売チャネルが広がり、売り上げも着々と増えていった。さらなる飛躍のために新聞やテレビへの販促広報・広告掲載を計画するが、ここでも大きな壁にぶつかる。

最初の壁は新聞広告だった。全国紙の広告枠が空いたという知らせを受けて掲載を即断するも、広告内容が審査に引っ掛かった。医師はコメントをすることはできてもモノを売ることはできない、医師法に抵触する可能性があると言う。メディカル（ドクター）コスメとしてメジャーになろうという企業は、日本ではドクターシーラボが初めてと言って過言ではない。またしても「戦い」が訪れた。

広告に「メディカル」や「ドクター」という言葉を使うことに対しても、NOという答えが返ってきた。「ドクターシーラボ」は社名だと説明しても聞き入れられなかった。「ドクター」という名前が付いていれば掲載できない、文章をすべて書き直す必要があると言われた。

それでは伝えたいことが伝わらない、広告を出す意味がなくなってしまう。文章は何とか工夫して書き直した。しかし、社名は譲ることはできない。

社名の問題は最後まで残った。何度も駄目だと言われた。それでも石原は納得してくれるまで何度も足を運び、ついに熱意が伝わって全国紙への広告掲載が実現する。

テレビ・コマーシャルも熱意で実現

テレビ・コマーシャルにも審査基準がある。最初にコマーシャルを出そうとしたときも、やはり審査に通らなかった。

通常は広告代理店が間に入って調整を行う。しかし、石原は自分で交渉することを選んだ。広告代理店に任せてしまえば確かに楽だが、自分たちには何も残らない。自分たちで苦労してやり遂げることが、後に血となり肉となっていく。知識やノウハウがなければ、なおさら、自分たちでぶつかっていかなければならないというのが石原流だ。仮に駄目な結果に終わったとしても、自分たちでやったことであれば納得もできる。自分たちのかわいい化粧品を世に送り出すのだ。自分たちで苦労しなければという熱い想いがそこにあった。

直接、石原は審査担当者を訪ね、どこを直したらよいのか教えてほしいと頼んだ。担当者は生の声を聞くのが珍しかったのか、話を非常によく聞いてくれた。ここでも「ドクター」という社名がNGだと言われた。「ドクターがつくった」というフレーズも修正するように言われた。

主張すべきときは主張しても、改善していくべきところは上手に改善していかなければならない。地道な修正を重ね、苦労の末に「洗顔後はこれひとつ」というテレビ・コマーシャルが誕生。ユニークでインパクトのあるキャッチコピーがウケて、アクアコラーゲンゲルは一躍世に出る。

お客様の視点から商品を開発する（部をまたいで集まったプロジェクトメンバーとともに）

お客様目線の販売体制

売り方の工夫

昔も今も経営で大事にしていることは「お客様の目線で考える」ことである。当たり前だけど難しい、「お客様を第一に」というスタンスだ。

通信販売・インターネット・卸流通ルート・百貨店直営店と、販路を拡大してきているのは、ライフステージや年代の異なるお客様に、それぞれに合った一番便利な方法で商品を手にしてほしいという願いからだ。だからマルチチャネルの販売体制を引いている。

例えば店舗に対して、売り上げの良し悪しより、お客様に親切で、お客様が気持ちよく買い物できるサービスを提供するよう厳しく指導する。お客様を第一に考えている店舗では、商品が上手にディスプレイされている。お客様が探しやすいように、悩み別に商品が並べられているものだ。お客様の視点を重視していれば、結果として売り上げにもつながっていく。

売り上げの良かった店舗はたまたま良かったわけではない。絶対そこには何かしらの工夫があると石原は言う。ほんの少しの工夫かもしれないが、何かがある。それを全店舗のチーフやスタッフに共有してもらいたい。工夫している店を見ると、石原は必ず会議でスタッフに伝えるようにしている。

「例えばスーパーでは、鍋の時期になると鍋の中に入れる野菜の隣にポン酢や鍋まで売っているお店がありますよね」

スキンケア商品にもそういった工夫が必要だと言う。寒い冬の季節はお客様にとってどんな肌悩みがあるのか、暑い夏はどんな肌トラブルを抱えているのか……。お客様が求めるものが何なのかを常に念頭に置いて、製品ラインナップやキャンペーンを考える。このようにお客様の目線になればちょっとした工夫が生まれるものだ。

顔の見えない接客

通信販売からスタートしたドクターシーラボ。今でも電話注文の売り上げが一番大きい。顔が見えず、コミュニケーションの取り方は難しいが、常に丁寧な対応を心掛けるよう教育がされている。「ひと言ひと言、丁寧にお答えするだけです」というスタッフの言葉からも、教育が徹底されていることがわかる。店頭も通販も「カウンセリング販売」に変わりはない。

急成長しているときは、方針が徹底されないままに組織が大きくなってしまうことがある。そうならないよう、石原は全社員教育に力を入れている。社員への教育が行き届いてこそ、会社は本物の成長を遂げると信じているからだ。新入社員に対する2週間の研修。引き続き行われる店舗やコールセンターでの現場教育。2ヶ月に1度は、約93店舗(2006年7月末現在)ある百貨店・直営店のチーフや店長を集めて全国会議を開催し、情報の共有に努める。お客様の声を商品やサービスに反映させるために、石原は常に現場を意識している。

さらなる夢

国内外への出店を加速

創業から2年後、名古屋の名鉄百貨店に直営1号店を出店した。中には手に取って確かめてから買いたいというお客様もいる。また、化粧品メーカーにとって、市場から信頼を得るためには百貨店に出店することが必要だと考えたからだ。

最初にお店を出す地は名古屋、と決めていたという。

「名古屋のマーケットは、ダメなものはダメとはねつけるパワーがある。受け入れてくれれば、ものすごく大きな市場になる」

お客様と信頼関係を築けるかどうか。重要な局面になると判断し、1号店の出店は石原自身が手掛けた。努力が功を奏し、以降、全国に着実に店舗を増やしていく。

海外にも進出している。2003年のハワイ、香港を皮切りに、翌2004年には台湾、アメリカ本土、韓国へと次々に出店した。

日本では、スキンケア市場に占めるメディカルコスメのシェアは約5％と、まだまだ市場は小さい。これから伸びていく市場である。一方、アメリカにおけるメディカルコスメのシェアは間もなく48％に届くという。

「メディカルコスメが進んでいる国の方が、私たちの商品は受け入れられやすい。自分たちのつくった商品を、肌トラブルに悩む人たちだけでなく、イキイキとキラキラと歳を重ねていこうとする世界中の人に使ってもらいたい」
と、アメリカ進出を説明する。先進市場で収集した情報を、自国日本での販売に生かしたいという狙いもある。

女性の願いをかなえる化粧品

上場の目的は信頼を得ることだった。信頼を得て、新しい商品やカテゴリーを生み出すチャンスを与えてもらったと石原は考えている。筋肉や皮膚の衰えを治すには、今は手術が手っ取り早い。数年前に流行ったプチ整形。きれいになりたいという女性の想いが表れている。石原は、手術ではなく、日々のケアで肌の衰えを回復させる化粧品をつくりたいと考えている。化粧品で、あらゆる女性の願いをかなえたいのだ。

「女性がきれいになれば、社会全体が明るくなるでしょう?!」

化粧品にはそんなパワーがあると信じてやまない。

業界の常識にとらわれない

お客様から毎日たくさんのメールやハガキが届き、一週間で段ボールがいっぱいになる。石原は週に一度、すべてのハガキに目を通す。

「やっと求めていた化粧品に出会えた」という声に感動する。毎年数多くの商品が登場する中で、自分たちの商品を選んでくれたというのもうれしい。石原にとって、お客様の声が活力の源だ。

ハガキの9割は感謝や激励である。こういったハガキが多く届くということは、お客様の満足度が高いということ。それは、取りも直さず「お客様の目線」を大事にしてきた成果だと言える。

「素人だからできたことがあった。素人であることが強みだった。常識がなかった分だけ素直な気持ちにもなれた。業界の常識を知らなかったからお客様の目線にもなれた」

業界に染まると、疑うことなく当たり前のように受け入れてしまいがちな既成概念。業界の常識にとらわれなかったから成功できたのだろう。この原点をこれからも大事にしていきたいと石原は語る。

起業においてさまざまな苦労を乗り越えてきた石原は、社員にもベンチャー・スピリットを期待する。一人一人が起業家という意識を持つとすごく面白い会社になっていくだろう。「これをやりたい」といってくる社員がいたら、「思い切ってやってみなさい」と言える雰囲気づくりを意識しているという。「自分は何ができるのか」と考えることが会社のためになる。これを社員にわかってもらいたい。

実際に、社員のアイデアから商品化された製品もある。自分がやりたいと思ったことを任せてもらえると、誰でもうれしいものだ。社員の成功事例をたくさんつくりたい。次から次へと成功例が出てくる、そんな会社にしていきたい。未来のドクターシーラボを、石原はそう思い描いている。

3つの成功ポイント

①商品力の強さ
妥協しない製品づくり

②お客様目線の販売姿勢
わかりやすい商品の見せ方を工夫

③業界の慣習にとらわれない
自ら動いてノウハウを蓄積

お客様から寄せられたハガキに目を通す石原

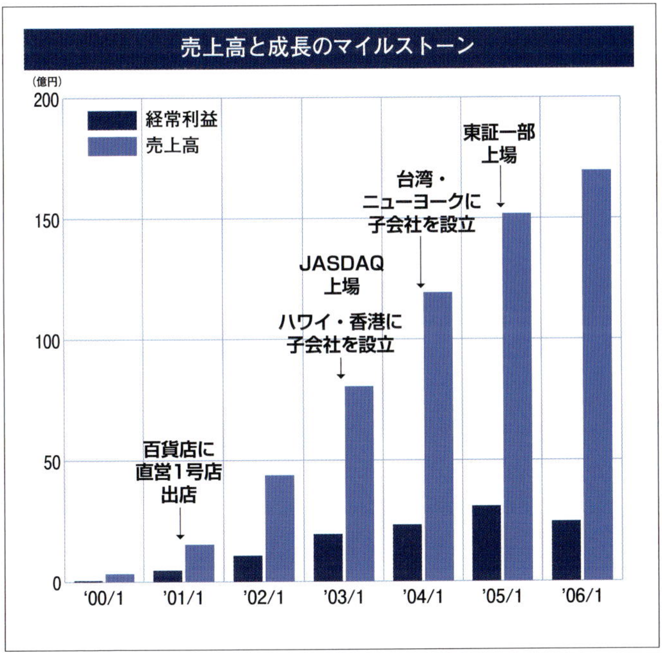

会社名	株式会社ドクターシーラボ
上場	東京証券取引所一部上場
事業内容	スキンケアを中心とした化粧品・健康食品・美容機器等の開発・販売
本社所在地	東京都渋谷区広尾1-1-39恵比寿プライムスクエア
設立	1999年（平成11年）2月26日
代表者	代表取締役社長　石原　智美（いしはら　ともみ）
資本金	11億2,232万円
従業員数	444人（連結）
売上高	169億7,875万円（連結）
URL	http://www. ci-labo.com

2006年1月31日現在

日本の食文化を豊かに、夢ある社会を築く

株式会社ジェーシー・コムサ
代表取締役会長　大河原　愛子

JC COMSA

ピザ文化のパイオニアとして

「日本人の食生活を豊かにしたい」

そんな願いから、1960年代、日本がまだ豊かではなかった時代にピザという新しい食文化を日本につくり出した一人の女性がいる。日本におけるピザ製造・販売のパイオニア、株式会社ジェーシー・コムサ代表取締役会長の大河原愛子である。

1964年に前身となる会社を設立して以来、主力商品のピザをはじめナン、フォカッチャ、トルティーヤ、チーズなどの製造販売を行ってきた。家族で過ごす休日の夜、仲間とのホームパーティー、楽しく語らう食卓の中心にピザがある。今や当たり前の風景だが、そこに至るまでには長い道のりがあった。

まだお嫁に行きたくない

条件は1年間で黒字にすること

大河原は4人姉兄の長女として米国ハワイ州に生まれ、今も米国籍を持つ。父である故比嘉悦雄はペプシコーラの日本法人を設立し、社長を務めていた事業家である。ドミノ・ピザを展開する株式会社ヒガ・インダストリーズのアーネスト比嘉社長は実の弟だ。

若いころからビジネスを行っていた父の哲学は、「Can

Doスピリット」である。「もうできない」と何かを投げ出そうとすると、
「そんなことはない、君ならCan Do（やればできる）」
そうやっていつも幼い大河原たちに言い聞かせてくれた。最後までやり抜くことが重要であると信じる父は、一度始めたことを投げ出すことは許さなかった。しかし、やり抜いたときは大変褒めてくれた。ビリでもいい、よく走りきったね、と。そんな父の教育を受けて、大河原に失敗を恐れずチャレンジするマインドがはぐくまれた。

高校を卒業した大河原は、シカゴのノースウェスタン大学に進学。その後スイスのジュネーブ大学に移って国際法を学び、卒業後の1964年に、父がビジネスを営んでいる日本に移り住んだ。当初、大河原は大学で学んだ国際法を生かしたいと弁護士を志していたが、外国人弁護士の活動が許されていない当時の日本ではあきらめざるを得なかった。大会社に勤めようにも、女性には一般職しか用意されていない。男性と同じようにプロフェッショナルな仕事で働きたかった大河原の願いに反して、当時のほとんどの日本企業が、女性社員に「新卒で採用後、数年働いてお嫁に行ってくれること」を望んでいた。仕方なく、通訳や英文記事執筆のアルバイトをして過ごす。

周りの友達はどんどん結婚していく。大河原も、花嫁修業をしながら勧められるがままに見合いをしていた。しかし、何かが違う。このまま家庭に入り、夫に頼って生きていきたいのだろうか。大学でいろんなことを学んだのに何も生かせていない。まだ何もやっていない、やりきっていないと感じていた。

そろそろ結婚をと勧める父に、働きたいと懇願した。渋

「黒字にできなければクローズ、うまくいけば会社は譲りましょう」

る父を説得し味方についてくれたのが、母だった。女性でも一人の人間として自立しなければならない、チャンスは姉弟に平等に与えるべきだ、と。2人のタッグに折れた父は、自分のビジネスの中から冷凍ピザの会社を任せてくれた。しかし、立ち上げてから2年間赤字続きで、経営者が辞めてしまったためにクローズを考えていた会社である。期限は1年間。

「その間に黒字にできなければクローズ、うまくいけば会社は譲りましょう」

と言い渡された。

1966年、創立3年目に入ろうとする株式会社ジェーアンドシーカンパニー（当時）に専務という肩書きで入社したのは、大河原が24歳のときだった。マーケットも資金も社員も足りない、まさにないもの尽くしのスタートだった。

ピザ市場の創造 ゼロからの挑戦

愛子流調理法で、ピザを家庭のキッチンに

会社を任されたものの、当時の日本ではピザは無名の存在である。それに加え、冷凍食品そのものが一般的ではなかったため、冷凍ピザを家庭で食べるための環境もまだ整えられていなかった。日本の家庭用冷蔵庫には冷凍スペースがなく、冷凍食品の保存ができなかった。調理のためのオーブントースターも普及していない。

しかし、その美味しさを知っている大河原は、是非ともこの味を日本の食卓に届けたかったのである。美味しいも

のを囲んで、大切な人たちと楽しい時間を共有する。ピザを通じてそんなライフスタイルを日本に広めたい、そう願った。専門家からは、「一日中家の中にいる日本の主婦にとっては夕飯の買い物が唯一の楽しみ。だから冷凍食品なんて売れるわけがない」と言われた。だが大河原は、アメリカで女性の社会進出とともに買いだめの習慣が一般化した前例を見ていた。

「これからはきっと売れる」

大河原はそう信じてあきらめなかった。

「マーケットがなければつくればいい」

中小企業にとって、大企業が手を付けていない市場はチャンスとも考えた。

何とか家庭で手軽に調理できないものか。そこで大河原は、どこの家にもあるフライパンを活用する方法を考えた。アルミホイルをフライパンの底に敷き、凍ったピザを乗せる。その上に蓋《ふた》をして熱を伝える。チーズが溶け、中身が完全に温まる前にクラストが焦げないよう、工夫を凝らした。焼き方の手順をイラストにして商品パッケージに掲載し、手軽に調理できることをアピールした。

この方法で一般家庭での調理が可能となり、ピザが徐々に普及し始めた。しかし、個人需要には限界がある。当時まだ数店しかない外国人向けのスーパーやキャバレー、スナックなどに一軒一軒売って回る毎日が続いた。スーパーの店頭、お祭りやサーキット場で、実演販売も行った。そんな地道な販促活動を続け、1年後には何とか黒字に転換させる。

フライパンを活用したピザ調理法

発想の転換　～人がいなければいる所へ～

創業当時は、社外で市場開拓に悪戦苦闘する傍ら、社内の課題も多く抱えていた。

その一つが人材の確保と育成である。

「高度成長期の日本において、私どものような零細企業が優秀な人材を確保するのは大変困難でした。ようやく採用しても、休んだり急に来なくなったり。それでも人手が足りないから辞めさせることもできない。納品を遅らせるわけにはいかず本当に困り果てました」

大河原は考えた末に、工場を九州に移転することを決断する。東京への通勤圏内で優秀な人材を確保できないならば、確保できるところに工場を移してしまえばよい。大胆な発想の転換だった。

今では、海外へ生産拠点を持つことすら、そう珍しくない。しかし、当時は従業員のほとんどが飛行機にも乗ったことがない時代である。若い経営者の決定に社内は大慌てだったという。

福岡県粕屋郡。田んぼの真ん中の農業用倉庫を借りた。周りに何もなかったため、ポケットマネーを稼ぎたかった農家の主婦が喜んで働きに来てくれた。低いコストで優秀な人材が確保でき、このときは本当に助けられたという。1969年の建設以来、地域密着型の工場として、この工場は今も地域に受け入れられている。

ロイヤルホストのメニューに採用

大きな転機は1971年に訪れる。後にロイヤルホストを展開するロイヤル株式会社の江頭匡一《えがしらきょういち》社長（当時）との出会いである。九州でアメリカ式ファミリーレストランを展開するとの話を聞き、「チャンス！」とばかりに大河原はすぐにサンプルを持って売り込んだ。商品説明や試食を粘り強く繰り返した結果、ついにピザがメニューに採用される。

「開店直後から、ロイヤルホストはすごい人気でした。当時のメニューは、ハンバーグやスパゲティなど全部で5種類くらいしかありませんでしたから、『ピザって何だろう、食べてみようか』と多くの人に味を知っていただけたのです」

ロイヤルホストが成長すると同時に、ピザの美味しさも全国的に知れ渡った。ロイヤルホストに追随して登場したファミリーレストランもメニューには必ずピザを取り入れたため、大河原はファミリーレストランというマーケットも確保することができた。

三菱商事へのプロポーズ

ロイヤルホストへの採用が決まったとはいえ、資金繰りは相変わらず厳しいままだった。

コストの中でも大きなウェイトを占めるのが、原材料原価である。ピザにとって一番高額な原材料はチーズ。生産が伸び、チーズの仕入額が増えると、仕入先である三菱商事の与信管理部門から取引条件の変更を要求された。手形の支払期日短縮である。増加した売掛金の回収を懸念したためだった。

一番大口の仕入先でそんな変更を受け入れれば、資金が回らなくなることは明らかだった。そのまま黒字倒産する危険性もある。大河原は1週間だけ時間をもらった。何とか敵に回さず味方に付ける方法はないかと考えた。三菱商事はチーズの売り上げを伸ばしたい時期だった。こちらには製造のノウハウと販売先がある。

お互いのメリットを考え抜いた大河原は、両社が合弁会社をつくることを提案した。社内からは、零細企業が大企業にそんな提案をしても受け入れられるはずがない、と反対の声も大きかったが、大河原はあきらめなかった。両社のメリットを明確に訴え、何度も何度も説得した。

提案が受け入れられ、三菱商事が45%、株式会社ジェーシー・フーズが55%を出資し、合弁会社である株式会社ジェー・シー・シーが設立されたのは1985年のことである。大河原は、安定した仕入れを続けることに成功した。現在では、チーズの加工会社としては日本最大規模となり、両方の親会社に配当金を払えるほど利益が出るまでに成長している。

「アントレプレナー（経営者）は常に危ない橋を渡っています。そこから落ちたら最後です。落ちないために必死で考えて考えて考え抜きました。お金も人も足りませんでしたが、クリエイティビティ（創造力）は無限でしたから」

さらなるマーケットの拡大　～宅配ピザの誕生～

1980年代も半ばになると、外食産業が成長し、家庭にも電化製品が普及し始める。レストランや家庭でピザを食べる風景も、珍しくなくなった。当然、市場には競合他社の参入が相次ぐ。

しかし、大河原は慌てなかった。既に新しいマーケットを獲得するチャンスをつかんでいたからである。

1985年、弟のアーネスト比嘉が社長を務めるヒガ・インダストリーズが、アメリカの宅配ピザチェーン「ドミノ・ピザ」のフランチャイズ権を取得。日本初の宅配ピザ店を恵比寿に出店するに当たって、大河原率いるジェーシー・フーズが材料を供給することになった。レストランで食べるような本格的なピザが家庭で手軽に楽しめるとあって、ピザはますます身近に親しまれる存在になる。ドミノ・ピザへの食材供給を開始してから約20年、今日の宅配ピザ市場は1,000億円に届くまでに拡大している。

上場による資金調達
女性経営者初のJASDAQ上場

創業後しばらくの間は父のポケットマネーから資金を調達していた大河原だが、ビジネスの規模が大きくなると、それもままならなくなった。

しかし銀行は、担保がない企業の借り入れに、容易に応じてはくれない。そのため、資金は常に自転車操業状態だった。高度成長期、銀行の貸出先は大企業に集中し、零細企業は見向きもされない。それに加えて、女性であること、外国籍であることで、大河原の場合は車のリースですら連帯保証人を要求された。それほど女性経営者の信頼は低かったのである。

1993年2月、この悔しい想いが大河原に株式上場を実現させた。ジェーシー・フーズは、念願かなって店頭市場（現JASDAQ）への株式公開を果たす。創業当初1,000万円だった資本金は、この年6億円を超えるまでに成長した。大河原はJASDAQ初の女性経営者としても注目を浴びた。

「上場の大きな目的はやはり資金調達ですが、同時に女性経営者に対する信用の低さを克服したかったのです」

準備には大変な労力と経費を費やした。しかしその甲斐あって、上場後は資金調達もスムーズになり、顧客や仕入業者からの信用度も高まった。

加えて、社員の仕事に対する意識が高くなったことも大きな成果だという。

「上場してこの会社で一生働き続けても大丈夫だと思ってくれるようになったのでしょう。社員のモチベーションが上がりましたし、優秀な人材が応募してくれるようになりました」

上場により、大河原は資金と人材のハンディをクリアした。

夢を取り戻す社会へ
女性が活躍できる社会へ

夢ある街のたいやき屋さん

上場から10年後の2003年10月、夫である大河原毅が経営する株式会社コムサネットと合併し、商号を株式会社ジェーシー・コムサと改めた。

外食産業を展開するコムサネットとの合併により、製造と外食の連携を深め、消費者のニーズにいち早く対応することが可能となった。北海道八雲町の農場レストラン「ハーベスター・八雲」に石窯の本格的ピザオーブンを導入するなど、ピザ関連事業と外食事業とのシナジー効果も高めている。

現在、夫妻2人で会長を務めている。ネットワークを広げることに長けた大河原と、クリエイティブかつ大胆なアイデアでマーケティングを行う毅。自然と役割分担がなされているという。人生のパートナーが心強いビジネスのパー

トナーに。息の合った二人三脚は、夢を取り戻す社会を願って立ち上げた新規プロジェクトでも発揮される。

「今の時代、企業はとにかくもうかればいい、優秀な人材のみを活用したいと考えがちです。競争の激しさについていけない人がいても、利益が優先されます。かつての日本はそんな国ではありませんでした。親切で面倒見がよく、過ごしやすかった。そんな社会を取り戻したい」

私たちにできることは何か、ビジネスで夢をつくりあげることはできないだろうかと、大河原はずっと考えていた。こんな想いから、外食産業のパイオニアである毅のアイデアを得て生まれた新規プロジェクトが「ほのぼの事業」。「夢ある街のたいやき屋さん」というフランチャイズの展開である。

女性、高齢者、ニートなど、社会的に弱い人たちを積極的に登用して社会貢献をしつつ、ビジネスとしても成り立つような仕組みをつくりたい。この想いを実現できる商品は何かと考えたとき、子どもからお年寄りまで幅広く愛されている「たいやき」を思い付いたのである。

しかもたいやきであれば、地域コミュニティの核となる憩いの場をつくることもできるだろう。江戸時代に栄えた、素朴で人間味ある茶屋のように。当時の茶屋は、本当の意味で休憩所と言うことができた。お茶とおだんごという安価な商品だから誰でも気軽に立ち寄ることができる。旅人にとっては、長く寂しい道中にあって店の主人と会話を交わすことでほっと癒され、身の安全を確保してくれる重要なポイントだった。「夢ある街のたいやき屋さん」は、現代における、お年寄りや子供にとっての「茶屋」でありたい。

安全と健康に配慮して、あんこは十勝産厳選小豆、塩は天然塩を使用し、水は浄軟水フィルターを通すようにしよう。保存料も一切使用せず、その日の分だけをお店で炊き出す。

多くのお客様でにぎわう「夢ある街のたいやき屋さん」笹塚店（東京都渋谷区）

「自分が働くことで少しでも社会に貢献できる」

このようなコンセプトを理解し賛同する人に、フランチャイジーとなってもらいたい。今までのフランチャイズシステムと違って、すべてを本部で決定することはしない。骨組みだけ与えて、後はオーナーに考えてもらう。ゆとりを持って安心して働ける職場づくりを目指し、社会に貢献したいと考える人にのみ、お店を任せることにしている。

その結果、店舗ごとに、たくさんの優しいアイデアが生まれている。「こども110番」を掲げ、地域の子供たちを一緒に守ろうとするお店もある。フルタイムで企業に勤めることの難しい子育て中の女性や、シニア世代が働きやすいように、開店時間を午前11時から夜7時までにするなどの工夫をしているお店もある。高齢者が午前中だけあんこを炊きに来るお店もある。

社会貢献を目的とする「ほのぼの基金」に売り上げの一部をプールすることも加盟条件の一つとした。集まったお金の使い道は、全店舗のオーナーが集まる定期会議で決定する。自分が働くことで少しでも社会に貢献できる、そんな優しさと、仕事に対するプライドを持ってほしい、という願いが込められているのだ。

「夢を取り戻すことで、きっと社会は良くなります。女性が働きやすく、シニア世代が退職後に地域の中で自分の役割を見つけられる、そんな社会になるよう何か手助けをしたいのです」

2006年7月現在、23店舗を展開。今期中には100店舗に増える予定だ。店舗が増えれば増えるほど、この活動の意義も大きくなる。基金額も増えるし、夢を持って働く人たちが増える。今後は全国にも展開を広げ、将来的には3,000店舗に増やそうと考えている。

女性が活躍できる社会へ

女性であること、外国籍であることで苦労した大河原は、女性が社会で活躍するための支援を社内外で積極的に行っている。ポジティブアクション[注)]にも取り組む。女性管理職登用数や女性社員採用数の数値目標も設定しており、ジェーシー・コムサでは、九州工場のパート社員から執行役員常務になった女性役員をはじめ、品質管理部門やメニュー開発部門の責任者、店舗の店長など多くの女性管理職が活躍している。

「女性は『生活者』として日々の暮らしの中で、男性にはない、さまざまな経験をしています。これからの商品開発には、その視点が不可欠です。女性を活用できない会社は生き残れないでしょう。女性の活躍の場が増えるように、私たち企業も取り組んでいくので、働く女性も生活者である強みを生かして、是非頑張ってほしいのです」

責任の重さや仕事に費やす時間が増えることから、管理職への昇進を躊躇《ちゅうちょ》する女性も多いという。温かさと厳しさを込めて、後に続く女性たちへ、大河原はかみしめるように語る。

「まず若いうちからビジネスに対する準備をしてほしいと思います。大学の専門課程選択もその一つです。自分の方向性を決め、経済や経営などビジネスに必要な知識を早いうちから学ぶこと、社会に出て必要性を感じてから学ぶのでは、男性には追いつけません。

女性の仕事を認めてくれる企業で働くことも重要です。女性に対して差別意識を持っている企業で成果を認めてもらうには、大変なエネルギーが必要ですから。

そしてビジネスで認めてほしければ、男性と同じくらい働

「ほのぼのたいやき研修」第１期修了式

くこと。プライベートを犠牲にすることも時には必要です。男性だって犠牲にしているのですから。本当に認めてほしいならそれくらいの覚悟は必要です」

もっと女性が活躍できる社会にしたい。そう考える大河原は、社外での女性活用の取り組みにも積極的だ。他社の社外取締役やアドバイザーを兼任する傍ら、厚生労働省「女性の活躍推進協議会」副委員長、経済産業省「男女共同参画研究会」委員、内閣府「男女共同参画推進連携会議」委員など、多数の活動で女性の活躍を支援している。

「１年で黒字にする」

父との約束から乗り込んだ小さな船は、夢を取り戻す社会を目指してパートナーとともに大海へ漕ぎ出した。あの約束から40年を経て、今日もなお、大河原は前へ進み続ける。「Can Do、やればできる」と教えてくれた天国の父が、「よく走り切ったね、頑張ったね」と娘を迎えてくれる日まで。

注）ポジティブアクション
雇用の場における男女労働者の格差を解消するために行われる積極的な取り組み

3つの成功ポイント

①豊かな発想力
新市場の開拓と合弁会社の設立

②リソース不足を補う、計画性と実行力
工場移転と店頭公開

③夢の実現に向けた、一貫した想い
社会貢献を忘れない

大河原の決断と資本金の増加

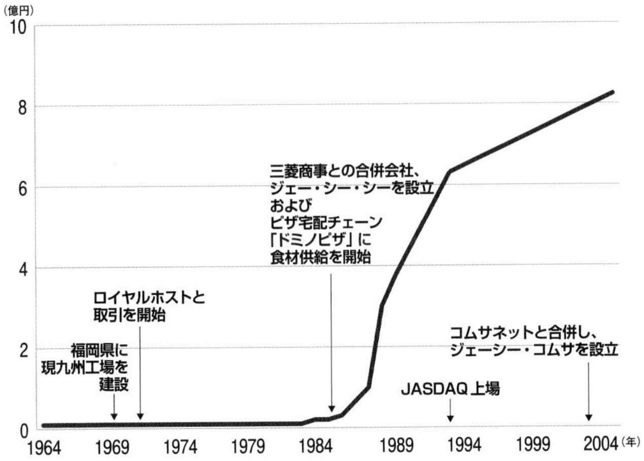

会社名	株式会社ジェーシー・コムサ
上場	JASDAQ上場
事業内容	食料品の製造・加工及び販売、外食産業ほか
本社所在地	東京都渋谷区恵比寿南1-15-1JT恵比寿南ビル
設立	1964年（昭和39年）11月19日
代表者	代表取締役会長　大河原　愛子（おおがわら　あいこ）
資本金	8億2,381万円
従業員数	1,836人（社員286人、パート1,550人）
売上高	204億400万円（連結）
URL	http://www.jc-comsa.co.jp

2006年7月31日現在

キャリナビのバランスポイント経営
～支え合って生きる社会を目指して～

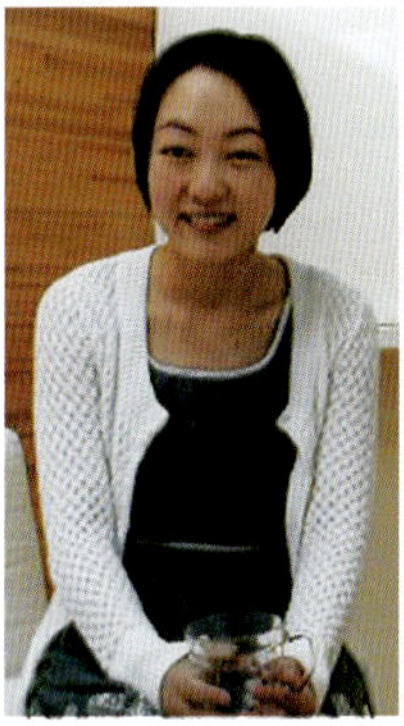

特定非営利活動法人キャリナビ
代表理事　しぶや　ゆかり

大人の背中を見に行こう

みんな悩んでいる

「良い学校、良い会社に所属することこそが幸せ」

高度経済成長期以降に主流を占めた、偏差値の高い有名大学や有名企業へ入ることを目指せばよいという価値観。しかし時代は徐々に変化し、今ではもう、有名大学を卒業したからといって将来が保証されるわけではなくなった。将来に対する画一的な正解のない、自分で自分の歩む道を選択し決断していかなければならない時代へと移っていったのである。現在では「ニート」の登場に象徴されるように、多くの若者たちが自分の将来に疑問と不安を抱いている。何を目指し、どう生きていけばいいのだろう。自分が夢中になれるものはあるのだろうか。

そんな若者たちに、さまざまな分野で活躍する大人の生き方に触れる機会を提供しようと、1999年、キャリナビの活動がスタートした。

「自分に合った生き方を見つけることは難しい。どんな職業に就くか、どこに就職するか、みんな悩む。大人ですら悩んでいるのだから、悩むことは決して恥ずかしいことではない。大人たちの等身大の生き方に触れることで、自分の生き方を真剣に考えてほしい。夢と誇りを持った自立した人間として社会参画できるよう勇気付けたい」

NPO法人キャリナビ代表しぶやゆかりのメッセージである。

かく言うしぶや自身も、かつては不安を抱きながら就職活動をしていた人間の一人だった。学生時代、自分の将来像を具体的にイメージすることができず、悩んでいたという。

日本の教育に疑問??

しぶやは中学時代、父親の仕事の関係で1987～90年にかけての3年間をシンガポールで過ごした。通っていたのは日本人学校だったが、夏休みはアメリカのサマーキャンプに参加し、アメリカの「自立と共生」の精神を学んだ。

アメリカでは、自分が「こうしたい！」と言うと、みんなが力を貸してくれる。しかし、「こうしたい！」と言ったからには自分で責任を取らなくてはいけない。5歳児であっても同じである。早い時期から自立を促していくのがアメリカの教育システムだ。

一方、日本では「こうしたい！」と言っても、周りの大人から「ダメ！」と言われてしまうことが多い。偏差値の高い学校に入学することを第一に、勉強も強制的にさせられる。自分の進むべき道なんて学校でも教えてくれない。考えるよう導いてもくれない。だから、就職活動をする時期になって突然考えることになる。

「学校教育と実社会が分断されている」

自分が社会に出て行く具体的なイメージが浮かばず、途方に暮れるのではないか。しぶやは大学時代に教員免許を取ったものの、生きがいや働きがいに直接触れることのできない日本の教育システムに疑問を感じていた。

日本の温故知新 ～「村社会」とキャリナビ～

いつから偏差値一辺倒の社会になってしまったのだろう。いつから自分の生き方について真剣に考えてくれる大人が

「学校教育と実社会が分断されている」

減ってしまったのだろう。昔の日本では、地域ごとに皆が支え合って生きていた。地域で生まれ育った子供のことを、近所の大人たちはみんなで見守っていた。おじいちゃんやおばあちゃん、近所のおじさんやおばさん。子供は自然と多くの大人の背中を見て育った。悩んでいるときに相談できる人がたくさんいたはずなのに……。

しぶや自身、このような「村社会」を欲していたのかもしれない。自分の生き方について相談したいのに、身近の大人といえば両親か学校の先生に限られていた。今の日本にはいったいどんな仕事があるのだろう、その仕事に就いた大人はなぜその仕事を選んだのだろう、何を喜びとして働いているのだろう、何を大切にして生きているのだろう。

「もっといろんな大人の話を聞きたい」

そう強く感じていた矢先に、しぶやは『オンリーワン―一人一人が地球上で唯一の個性！』（マキノ正幸・島田晴雄著／レゾナンス出版）という書籍に出会う。

この本を友人から紹介されたのは、慶應義塾大学院時代の1998年冬のことだった。

「若者に自分の『オンリーワン』を見つけさせる。その夢を実現するために何をすべきか。若者をガイドし、サポートしてあげられるシステムができないだろうか」

しぶやの、漠然とではあるが思い描いていた理想と、ピタリと一致していた。すごく嬉しかった。

「どうしてこんな素晴らしいシステムを誰もつくらないのだろう？　だったら自分たちでつくっちゃおうよ！」

1999年4月、しぶやは大手コンピューター会社に入社すると同時に、NPO法人ETIC内で友人の宮城治男・河野良雄が始めていたキャリナビの前身となる活動に加わる。

「特別なスター選手の生き方ではなく、身近にも素晴らしい生き方がたくさんある」

会社勤めと並行して、まずは身近な大人から取材を開始した。仕事帰りや休日を利用して、オンリーワンを生きるたくさんの大人たちから夢中で話を聞いた。一生懸命生きている大人がたくさんいることに、しぶやは驚いた。

活動を開始して半年も経たないころ、学生に取材という形で大人との出会いを提供する場をつくろうと思い付く。特別なスター選手の生き方ではなく、身近に自分にとってのモデルとなる生き方がたくさんあることを、多くの若者たちに知ってもらいたい。こうして、しぶやはコンピューター会社を退社してキャリナビに専念することを決意。インターネットという新しいツールを使った、若者たちのためのコミュニティづくりが始まった。当時は意識していなかったが、この活動が結果的に「村社会」をよみがえらせることになる。

NPOキャリナビとは？

オンリーワントレーニング・プログラム

「キャリナビ」という名前から就職や転職先を紹介している団体だと誤解されることが多いが、まったく違う。「働く」という視点が共通しているだけである。

キャリナビが紹介するのは、会社や団体ではない。「人」である。将来を真剣に考えている学生たちに、さまざまな業種で働く社会人の生き方や働き方に触れさせ、自分のことを考えるきっかけを与えてきた。

オンリーワンとは、一体何を指すのだろうか。自分を仕事の場で生かすとは、どういうことなのだろうか。努力も

「人生の先導者として、学生に自分の生き方を本音で話してくれる人々」

しない、自分に都合がいいだけの単なる「個性」や「特性」は、オンリーワンとは言わないとしぶやは言う。キラキラ輝くことを指しているわけでは決してない。

人生の先導者として、学生に自分の生き方を本音で話してくれる人々。キャリナビはこのような人々を「ナビゲーター」と名付け、学生に取材をさせた。ナビゲーターの会社名は出さないことが多い。学生にとっては、会社名よりも、その人個人の生き方に意味があるからである。この半年間の活動を、しぶやは「オンリーワントレーニング」としてプログラム化した。その中で、参加学生は2人のナビゲーターの取材を担当記者として記事にまとめる。どのような仕事をしているのか、仕事で楽しいことや苦労することはあるか、自分の生き方についてどう考えているか。ナビゲーターの生の声を聞いた学生は、記事にするという一連の作業を行いながら、自分自身の「感性のアンテナ」に気付いていく。

それでも自分なりの軸をしっかり持っている

しぶやは活動当初、学生一人一人と接しながら、その性格や特徴をじっくり見てきた。必要なナビゲーターはどのようなタイプか、考えて決めていた。学生とナビゲーターの相性は重要だ。選択を誤ると何も得られないことがままある。

学生は、生きるヒントをもらうために全情熱を傾けてナビゲーターを取材する。真剣だから、大人にいい加減なところがあればすぐに見抜いてしまう。だから、ナビゲーターも自分の生き方に誇りを持っている大人でなければ任せられない。ナビゲーター選びも慎重に行ってきた。

スタッフと相談しながら、学生たちはナビゲーターにアポイントを取り、質問事項をまとめて取材の準備をする。ナビゲーターから生き方の本音や深い話を聞き出すにはどうすればよいか。学生感覚のままナビゲーターに接するととんでもない結果になる場合がある。ナビゲーターから「どうせお前にはわからない」と怒られてしまったり、学生側も「説教なんて聞きたくない」などと取材中にナビゲーターともめてしまったりすることもあった。甘えた学生に対しては、スタッフから容赦ない檄《げき》が飛んだ。学生もナビゲーターもしぶやもスタッフも、みんな真剣だった。

キャリナビのホームページ（http://www.carinavi.org/）

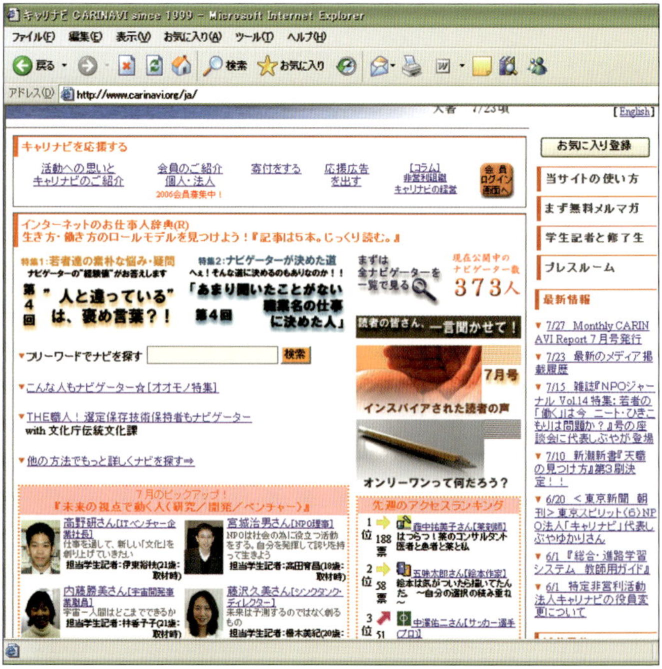

木目調の温かい雰囲気が漂うキャリナビオフィス

膝を突き合わせ、ナビゲーターの話に真剣に耳を傾けると、ナビゲーターも特別な人ではないことがだんだんわかってくる。それでも自分なりの軸をしっかり持っている、根っこに何かを持っている。学生がそこを感じ取ることができれば成功だと、しぶやは言う。その根っここそが「オンリーワン」だからである。

取材は担当記者と同行記者数人とで行う。一緒にナビゲーターの話を聞いていても感じ方は一人一人違う。取材の後、学生たちは何度もミーティングを重ね、意見をぶつけ合いながら記事を完成させていく。これを「感性のマッピング」としぶやは表現する。一人一人の感性の違いを認識させることが大切である。自分の考え方はどこに位置するのかを客観視させるのだ。半年間続けると、ある程度でも形ある自分が見えてくるという。結果として、自分と働くこととの関係性も見えてくる。

さらに、取材に参加できない学生たちも体験を共有できるように、できあがった記事はホームページ上に公開してきた。現在、400人弱の取材記事が紹介されている。ホームページ訪問者数は多い月で月間10万人のアクセス、ページビュー数は47万ページを超えた。

キャリナビのもとにたくさんの感謝の手紙が送られてくる。全国のサイト利用者の中には、記事を読んで共感し、泣いてしまう学生もいた。

成長の共有　～しぶやのオンリーワン～

しぶやは育てた学生を「子どもたち」と呼ぶ。同じ目線で子どもたちと真剣に向かい合い、愛情を持って子どもたちを育てる。これは、しぶやの自然体。子供たちと苦労や喜びを分かち合う。成長を共有することが、しぶやのオンリーワンである。

キャリナビを通過点に頑張ってほしい。自分も同じような経験をしたから、子どもたちの悩みや迷いが痛いほどよくわかる。キャリナビは、そんなしぶやだからできたことなのかもしれない。

株式会社での成功が株主への利益還元であるならば、NPOの成功は数値では測りにくい「ミッションの達成」と言われている。キャリナビの成功は、学生たちが誇りを持って生きていけるようになることに尽きる。コースは半年間だが、その間に自分自身とじっくり向き合って自分の原点を認識することができたら、悩みを抱えながらも生きていく

「本当に多くの人が、いろいろな形で協力してくれた」

勇気を持てる。それが一番うれしい成功だ。

社会に出て一段と成長してキャリナビに戻ってくる修了生がいる。今度は自分たちが、ナビゲーターとして後輩の成長を応援するのである。しぶやは、成長した「子どもたち」が戻ってくる姿を見るのを楽しみにしている。

バランスポイント

みんなが持ち寄ってつくった

キャリナビが設立されたのは、ちょうどNPOが注目され始めた時期だった。廃校になった三河台中学校（東京都港区六本木）の教室を、区が破格の料金でNPOに貸し出すことになった。キャリナビもそこに事務所を構えることになる。早速、活動の趣旨が注目されてマスコミにこぞって取り上げられた。海外メディアも取材に訪れた。

キャリナビは一躍有名になり、全国から問い合わせや共感の声が殺到した。全国の中学・高校の進路指導教材として、取材記事のWebサイトが使われるようになった。当然、活動に参加したいという学生の数も増えた。本も4冊出版した。キャリナビの活動が認められ、本当に多くの人が、いろいろな形で協力してくれた。

大変なことになっちゃった

その後もキャリナビへの注目度は増し、しぶやはあちこちから引っ張りだこになった。厚生労働省の識者会議に出席するようにもなった。当時27歳のしぶやが、60歳を相手に教育のあり方や若者たちの感性について議論する。キャリナビの活動がモデルとなり、厚生労働省により全国25ヶ所にジョブスポットが設置された。経済同友会「学校と企業・経営者の交流活動推進委員会」では、現在もアドバイザーを務めている。

活躍が認められ、2003年12月には「日経Woman of the year 2004 リーダー部門10位」に選出され、2004年には、社団法人日本青年会議所が主催する「人間力大賞のグランプリ」を受賞する。自分の取り組みが予想以上に評価された。社会が必要としていることを今まさに実行しているという達成感があった。

NPOの経営　～想いを中心に人を巻き込む～

大学に入学して一人暮らしを始めたとき、たくさんの人たちがしぶやの新しいスタートを応援してくれた。引越しを手伝ってくれる人、炊飯器を譲ってくれる人……皆ができる範囲でそれぞれの力を貸してくれた。しぶやは、当時の

取材記事が教材に

暖かい感覚を今も覚えている。

今の日本は経済的に豊かになったが、心が豊かでない人が多い。人間は決して強くない。他人を思いやり、支え合って生きていける社会はどこに行ってしまったのか。自分は人とのつながりの中で生きていたい、とキャリナビを事業化する際にも自然とNPOの道に足が向いた。同じ想いを持った人々に支えられながら、一緒にミッションを達成していこう、と。

非営利活動といっても、さまざまな規模ややり方がある。国や自治体などの行政から助成金を受けて運営する形。有限会社のように企業の下請け的な役割で運営する形。地元のボランティア活動として、お母さん方や企業を定年退職した世代が集まって楽しみの一つとして運営する形。あるいは、日本赤十字社やユニセフのように、古くから非常に大きな規模で運営されている形……。その中でもキャリナビは、賛同してくれた個人・法人会員の会費と活動収入を中心として運営を行ってきた。

「助成金を受けるからには何らかの縛りがあるのではないか……」

若きしぶやはそう感じ、自分の足で稼ぐ道を選択した。制約があってはキャリナビのメッセージを正しく伝えられないのではないかと懸念していたのだという。

全国を飛び回ってメッセージを伝え、可能な限りの資金を集めた。しぶやのメッセージに賛同してくれた人や企業が、物資を提供する形で支援してくれた。お金は集まった範囲でどうにかした。ミッションに共感してくれたスタッフや支援者など、ボランティアの力も最大限引き出せるよう、多くの知恵を絞って工夫した。ミッションの実現のために動いたのは、たくさんの人やモノである。しぶやは言う。

「お金も大事だけど、人間ってお金以外のものすごいところで動く」

ただ、支援してもらうばかりではいけないということは、しぶやが一番強く感じていた。若者が必要としているものを、とにかく先に形として見せたい。

そこでしぶやは、プロジェクトマネジメントの考え方を活用して、キャリナビの経営システムをつくりあげた。まずは明確な目的を持ち、その目的を達成するためにはどのようなモノや資金が必要なのかを洗い出す。具体的にリストアップしたところで、それを持っている個人・法人に会いに行き、譲ってもらう。

「その意味では確信犯的なところがあるかもしれませんね」としぶやは笑うが、これが「教育（心の豊かさ）と経営（資金）のバランスポイント」を狙ったしぶやのやり方だったのだろう。営利理論とはまったく異なる考え方である。創業以来、商標登録、ロゴ、オフィス、引越代、サーバー、文房具、取材用カメラといった、さまざまな寄付が寄せられている。キャリナビのテーマソングまで寄せられた。

学生と支援者と、しぶやゆかり　～バランスの取り方～

自分で買ったモノよりも、誰かからもらったモノの方が価値は重い。提供してくれた人の想いが詰まっているからである。

メディアに出たことで、キャリナビの知名度が高まった。しぶやが想像していた以上のスピードで、キャリナビは大きくなっていった。若者たちがキャリナビを欲している、自分はとても大切な活動をしているのだと、改めて気持ちが引

「注目が大きくなるにつれ、責任の重さに押しつぶされそうになった」

き締まった。

キャリナビの活動に賛同して支援してくれた人々の気持ちを大事にして、きちんと若者に還元していきたい。注目が大きくなるにつれ、世の中の期待も当然大きくなる。一方、しぶやが多忙になればなるほど、直接若者に接する時間は少なくなる。支援者の大きな期待にどうすれば応えることができるのだろう。

学生たちの態度にも変化が見られるようになった。メディアで紹介されるしぶやは、学生たちには「カッコイイ、特別な大人」に映る。キャリナビを訪れる学生たちは、決して強い人間ばかりではない。むしろ繊細で敏感だ。これまでは対等の立場で、本音で話してくれていた学生たちが、急にしぶやを前にすると縮こまるようになってしまった。これには、まいった。本末転倒である。しぶやにとってはこれが一番ショックだった。

学生と支援者と、しぶや。バランスをどのように取るかが非常に難しかったとしぶやは言う。支援者に支えてもらうことで精神的に豊かになれると思ったが、逆に作用することも出てきた。注目が大きくなるにつれて、責任の重さに押しつぶれそうになった。キャリナビの露出度が高まればキャリアサポートの動きも高まるだろうと、学生のためを思い、できる限りマスコミの取材にも応じた。だが、それがしぶやを学生の憧れの対象にしてしまった。以前のように学生たちと非常に親しい距離でぶつかり合うことができなくなった。

すべての期待に応えようと、若さと使命感で創業以来ひたすら走り続けた毎日だった。キャリナビのバランスポイントが、しぶや自身のバランスポイントにもなっていたの

2004年度人間力大賞グランプリを受賞

かもしれない。バランスが崩れたとき、ついに過労がたたって倒れてしまう。2004年5月、「人間力大賞のグランプリ」を受賞した直後のことだった。

キャリナビの第2ステージ

私自身がナビゲーターに救われた

「私には荷が重すぎたのかもしれない」

キャリナビに、しぶやのもとに、いろんな人の想いが集まってきた。不器用なまでにすべてを背負ってしまったら、原点がわからなくなってしまった。過労で倒れてからのしぶやは完全に自信を失っていたという。

「もう十分だよ、ゆかりちゃん」

しかし一緒にやってきた仲間たちは、そう言ってしぶやがいない間も活動を続けてくれた。そんな周囲に支えられて、

「どうやら『母性』が自分の原点らしい」

2005年秋、しぶやはぎりぎりのところでとどまってキャリナビに復帰する。

「ナビゲーターの方々にも救われました」

つらかったとき、ナビゲーターのたくさんの声が聞こえてきた、としぶやは回想する。取材をしていた当時は何のことを言っているのかわからなかった言葉が次々と思い出された。

「今ならわかります。成功されている方も、苦しいときがあったということ。ある時点で必ず何かにぶつかる。それを乗り越えてこそ開ける、その人だけの境地がある。ナビゲーターが私に教えてくれました」

原点に戻って整理をしたい。オンリーワンという言葉も、伝え方を間違っていたかもしれない。活動を一旦ホームページやメールマガジンに絞り、しぶやは伝えたかった想いを見直し始める。

自然体を目指して

もうすぐ32歳。20代にできることはすべてやりきった。倒れるまで働いた。そして今、倒れたことで自分の生き方やキャリナビの経営について改めて考える。

自分が目指すものとは何か。「成長の共有」が自分のオンリーワンだ。これは「母性」を意味しているのではないだろうか。「母性」が自分の原点なのではないだろうか。キャリナビが大きくなったのは、心からの愛情を持って子どもたちに接してきたからである。それが多くの支援を呼んだのだろう。いつの間にかこの原点を見失い、自分のバランスを少しずつ履き違えてしまっていたことに、しぶやはようやく気付く。子どもたちを信じ、大事に育ててあげたいという気持ちを持つものの、忙しさのあまり丁寧に接してあげられる余裕がなくなってしまっていた。まして自分で子どもを産み育てた経験もない。多くの子どもたちと接し、子育ての難しさと重要性を痛感する一方で、原点から遠ざかってしまう自分に焦りを覚えていたのだろう。これからは原点を見失わないように、キャリナビもしぶや自身も、しっかりとした基盤を整えることが必要だ。

ニート問題も深刻化し、キャリアサポートを求める若者もいっそう増えた。改めて、伝えようとしていたメッセージを、言葉を補いながら丁寧にわかりやすく伝えられたら。キャリナビには、約8年間培ってきた独自のノウハウがたくさんある。この分野のパイオニアとして、これらをきちんと伝え共有できる仕組みをつくって基盤を整えることができたら。

これまで本当に多くの人たちに支えてもらった。迷惑もたくさんかけた。約8年間を振り返ると、この活動の意義は消してはならないと信じる。今度は自分を大事にしながら、どんな活動ができるかを考えてみたい。

3つの成功ポイント

①バランスポイント経営

想いを中心にバランスを取りながら人を巻き込んだ

②コミュニティの創造

学生取材とインターネットの融合が「村社会」の蘇生につながった

③オンリーワンの好循環

いつの日か修了生がナビゲーターとして後輩の成長を応援する

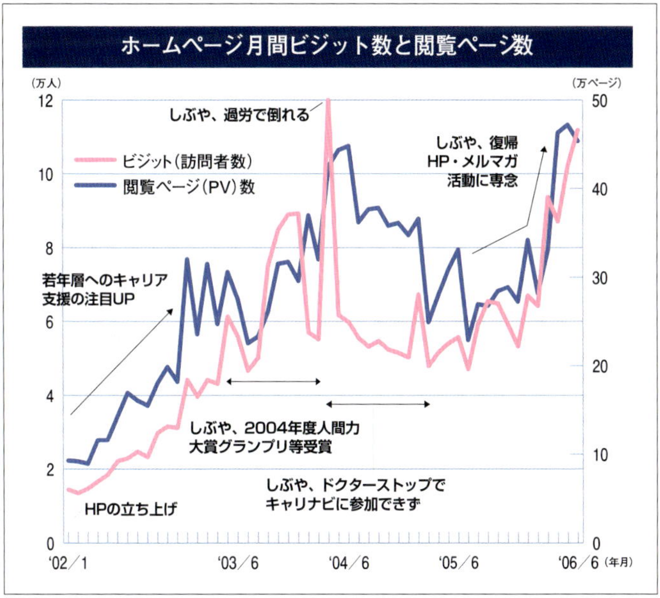

団体名	特定非営利活動法人キャリナビ
事業内容	若年層に対する働く意識の動機付け
活動拠点	東京都港区六本木4-7-14みなとNPOハウス
活動開始	1999年（平成11年）4月
NPO法人化	2003年（平成15年）1月
代表者	代表理事　しぶや　ゆかり
会員数	理事・正会員11人 賛助会員約50人、修了学生270人、 取材済ナビゲーター470人
活動資金	3,000万円（2004年度）、1,000万円（2005年度）
PV／ビジット数	47万PV／月間、11万ビジット／月間
URL	http://www.carinavi.org/
協賛企業	株式会社パフ、株式会社ビットアイル

2006年8月現在

すべての女性をシンデレラに

たかの友梨ビューティクリニック
代表 たかの　友梨

女性の心理をとらえるシンデレラビジネス

エステってどんな食べ物？

「お客様がシンデレラになれるところ」

たかの友梨代表は、自分がつくりあげたサロン、たかの友梨ビューティクリニックをこう表現する。より美しくなりたい、目指すスタイルのボディになりたい、自分にご褒美をあげたい……、そんな女性たちがエステティックサロンに求めるもの。それは、シンデレラになれる夢のような時間である。創業以来、たかのは常にお客様が甘えられるサービスを実践してきた。たかの自らがお客様にブーツを履かせることもした。

今や年商220億円、全国に129店舗、社員1,200人という規模に成長した企業の代表である、たかの。テレビCMやテレビ番組にも多数出演し、成功した起業家として広く知られている。

しかし、創業当初は思うようにお客様が集まらなかった。第1号店を出店したのは1978年。サロンの看板を見た通行人から「エステってどんな食べ物だろう」と言われるような時代である。絶対に多くのお客様が来ると信じてスタッフを10人雇ったが、苦しい状況からやむなく5人に辞めてもらうことにした。仲間を失うことはつらかったが、サロンを成功させるために必死だった。

起死回生のアイデア

一人でも多くのお客様に来てもらうために、真剣に知恵を絞る毎日。たかのは、せっかく来てくれたお客様が安心して過ごせるように気を配った。初めてエステティックサロンを訪れるお客様は、いったいどんなところかと不安を感じるだろう。しかし、流行っている場所ということになれば気が楽になるのではないか。だから、あたかもほかにお客様がいるような雰囲気をつくるため、玄関に自分たちの靴やコートを並べておいた。たまたま3人から予約が入れば、わざと同じ時間に来てもらうようにした。そんな工夫を重ねるたかのに、ふと起死回生のキャッチコピーがひらめく。

「ニキビの人、タダで治して差し上げます」

女性をターゲットにするなら、女性が弱いのは「タダ」。悩んでいるニキビがタダで治る、これなら絶対に人が集まる。何とか一度でもサロンに足を運んでもらおう、そうすればきっとエステの良さがわかってもらえる。そう確信して、この思い切った広告をフリーペーパーに掲載した。結果は予想をはるかに超えた。この広告を見て、お客様は列をなしてサロンに押しかけたのである。

続いてエステ定期券を発売した。1ヶ月3万円の定額で何度でもエステが受けられる。お客様にとってお得なこの定期券が飛ぶように売れた。資金が安定する一方で、何度も何度も足を運んでくれるお客様が増えた。これがサロンの経営を軌道に乗せる決め手となる。

「ニキビの人、タダで治して差し上げます」

女性の心を動かすノウハウ

このようなアイデアは過去の経験から導き出されたものである。

22歳から2年間、ビューティアドバイザーとして外資系の化粧品会社に勤めていたときのことだ。化粧品のカウンターに人が少ないと、同僚と一緒に私服に着替え、一般客のふりをしてさりげなくカウンターの前に立った。にぎわっているカウンターには人が集まる。サロンでスタッフの靴や服を置いて見せたのは、その応用だった。

カウンターにお客様が来ると、同僚のアドバイザーに「先生、お客様をお連れしました」と紹介した。逆の立場なら自分も「先生」と紹介される。つまり、誰もが「先生」なのである。「先生」の言うことは信頼されやすい。女性の心理をついた作戦だった。化粧品を買ってもらうための作戦を、たかのは自分のサロンでも実践した。当時は、こんなことがまさか将来役に立つとは思わない。まるでお芝居のように楽しんでやっていた。

広告を出すにも自分がモデルになった。ニキビのひどかったときと治った後を比較する、いわゆる前後写真のモデルにもなった。

「必要なことは何でもしよう」

自分が広告塔になる覚悟をした。サロンに自分の名前をつけたのも「あなたの肌を、生涯私が守ります」という決意があったからだ。たかのは逃げない、それを示したかった。

チャンスをつかむ成長力

食いっぱぐれがない理容師になれ

1948年、たかのは新潟で生まれた。3歳のときに養母に引き取られ、その後は群馬で育つ。

母は大変な苦労人だった。娘には早く手に職を付けさせたいと、中学を卒業するとすぐに理容学校に通わせることにした。床屋なら食いっぱぐれがないと考えたからである。15歳のたかのは普通の高校に行きたい、勉強したいと抵抗したが、聞き入れてもらえなかった。仕方なく理容師を目指すも、やはり普通の高校に行きたいという思いは捨てられない。頼み込んで、定時制高校にも通わせてもらった。理容学校卒業後は、理容院に住み込んで理容師としての腕を磨いた。

不承不承なった理容師だったが、仕事をするとはどういうものか、たかのはこの時期に多くを学ぶことになる。訓練すれば技術は必ず上達するとわかって、何事にも粘り強くなった。お客様に喜んでもらったとき、お客様の気持ちを常に大切にするというサービスの重要性に気付くことができた。

4年間働いた後、群馬から上京。しばらく都心の理容院で働き、その傍ら美容師資格を取るための勉強に励む。その後、化粧品会社のビューティアドバイザーという、これまでとはまったく違う畑の仕事に就いた。

いざパリへ（1972年）

パリで見つけたビジネスチャンス

ビューティアドバイザーとして働くある日、たかのは新聞で小さな記事を見つけた。パリにエステティックというものがあるという。長い間ニキビに悩んでいたたかのは、「これだ」と思った。これまでニキビは化粧品を塗って隠すものだと思っていたが、肌の状態を整えることで治す方法があるという。自分のためにもこの技術を身に付けたいと思った。

日本からはようやくモスクワ経由でパリへの定期路線が就航したばかり、という時代である。たかのは貯金100万円を持って飛行機に乗った。円がまだ変動相場制に移行する前だったから、当時としてはかなりの大金だ。しかし、24歳のたかのを引き止めるものは何もなかった。パリに飛び立ち、本場のエステティックの技術をものにする。

だが、パリから帰国してすぐにエステティックサロンを開いたわけではない。最初に取り組んだのが、パリで見つけた美顔機の製造販売である。汚れを吸い取る美顔機は、自分のニキビもきれいに治したし、きれい好きの日本人にもきっとウケる、と確信していた。「特許でひともうけ」という当時の流行にも乗れると思った。「私もこの商品で億万長者！」と、まずは美顔機をつくることにしたのである。

たかのは、この美顔機を「ヴィッキー」と名付けた。そしてヴィッキーをつくるために、まず会社をつくった。会社をつくらないと仕事はできない。そう思っていたから、会社をつくることに抵抗はなかった。だが、このときはまだ25歳。会社の発起人になってもらおうと親戚に頼みに行ったがさすがに渋られ、印鑑をもらうには大変な思いをした。

親戚を説き伏せ、やっとの思いでつくった会社の名前は「東京美機」とした。地方出身者にとって「東京」は大きい。たかのは、自分にとってあこがれの地名を社名に入れた。こうして、たかのにビジネスの舞台ができあがる。

商売って面白い

自宅の部屋をビスでいっぱいにして、自ら組み立てまでして完成させたヴィッキー。しかし、初めは失敗の連続だった。

できあがったヴィッキーの実演販売をするために、ビルの一角を借り、パートの女の子と2人でピンクのナースキャップと白衣を着て呼び込みをした。が、さっぱり人が集まらない。次に、青山辺りならお金持ちが多いだろうと考え、マンションを一軒一軒回った。気に入ったら買ってほしいと置いて帰ってきた。ところが散々使い古されたあげくに戻ってくる。これも失敗だった。

「売るにはプロがいるんだろうな、私はやっぱり売るのが上手じゃない」

さすがに弱音も吐いた。

しかし、そんなたかのに次のチャンスが訪れる。「あなた、すごく面白いから、面白い社長を紹介しよう」と声を掛けてくれた人がいた。そのころ、たかのはモデルとしてテレビにも出演していたのだが、共演した出演者から、全国に訪問販売の販売網を持っている社長を思いがけなく紹介されたのである。

願ってもない話だった。その社長は、たかのを「まだ若いのに頑張っている」と見込み、いろいろと事業について教えてくれた。すべてが勉強になることばかりだった。この社長が、ヴィッキーの販売先も紹介してくれた。少しずつ、たかのに運が巡ってくる。社長から紹介してもらった販売先に商品を卸すことができるようになり、別の卸業者のショーケースにもヴィッキーを置いてもらえることになった。これを化粧品のコーセーが見つけて、大きな取引になった。

うまくいかないことがあっても、人を紹介してもらうことで問題が解決する。そして自分自身も成長する。このことに気付いたとき、たかのは商売というもののダイナミックな面白さに興奮した。手に付けた技術で生きる理容師の仕事とはまったく異質である。

「商売って面白い」

ビューティクリニック第1号店の誕生

ヴィッキーが売れ出した。と同時に、商品を買ったお客様からの問い合わせも増えた。「使い方がわからない」「部品のガラス管が壊れたから交換してほしい」「ニキビがひどくなったけどどうしたらいいか」などと、頻繁に電話を受けるようになった。お客様に直接ヴィッキーの使い方を教えてあげたい。しかし、会社はようやく回り始めたばかりで、新しく何かを始めるには資金が足りない。踏ん切りがつかないでいた。

そんなときだった。新大久保でヨガ教室を始めた知り合いが、スタジオを見に来ないかと誘ってくれた。当時はヨガが大ブーム。そのスタジオには1日100人以上の生徒が通ってくるという。そんなに人が通るなら、ヴィッキーの宣伝もできるに違いない。

「ここを貸してもらえないか」

思い立ったら居ても立ってもいられず、早速大家を紹介してもらうことにした。

さすがに良い物件だけあって家賃が高い。敷金が250万円、賃料が月に50万円。「お嬢ちゃん、払えるのかね」といぶかしむ大家に、「払えますけど、今はない。月賦にしてもらえませんか」と、たかのはとっさに食い下がった。何とし

たかの友梨ビューティクリニック第1号店（1978年）

てもそこを借りたいと即断した。何かに後押しされているような感じがした。

粘り強く交渉を続ける中、大家の姓が養父の姓と同じであることに気付いたのは、まさに運が後押ししていたのか。「大家さんはもしかして新潟の人ではないですか」と聞いてみた。そうだ、と言う。「私も実は新潟から裸一貫で出てきて成功した男だ、一肌脱ごう。50万円ずつでいいよ。月賦にしてやろう」と、とうとう大家はたかのの熱意に折れた。たかのは自分にオーラが出ていたように感じたという。

1978年、30歳のときだった。この場所に、たかのはニキビに悩む女性のためのサロンを開業した。たかの友梨ビューティクリニックの第1号店である。

素早い決断は、チャンスのタイミングを逃さない。たかのの即断力と行動力は、上京したとき、パリへ行くときなど、人生の大きなターニングポイントとなるときにいつも発揮されている。一度思い立ったら、実現するまでは決して困難から逃げない。努力を続けて、最後には必ず実現させるのだ。

世界中のエステティックを学ぶ

チャンスをつかんだら、さらなる飛躍を目指して努力する。パリで本場のエステティック技術を習得した後も、たかのは常に新しい技術を磨いてきた。新しいエステ技術が開発されたと聞けば、世界中どこへでも、すぐに現地に飛んで行って自分で体験する。

世界各地の美顔技術やマッサージ技術を自分で試しながら一つ一つ勉強し、持ち帰る。だから、たかの友梨ビューティクリニックでは、ハワイ、インドネシア、ベトナム、インドなど世界各地から集められた多くのメニューが用意されている。これほど幅広いメニューが提供できるのも、たかのの向学心と行動力があってこそである。

常に自分を高める努力を怠らない。今なお、さまざまな研修を受講しているし、本もかなりの量を読む。

美しさは内面から輝くもの

パーソナルなセラピスト

競争が激化しているエステティックサロン業界。一流ホテル内にスパがつくられるなど、ハード面の充実した立派な施設が次々と誕生している。格安で受けられるエステもたくさん登場した。

では、たかの友梨ビューティクリニックがほかのエステテ

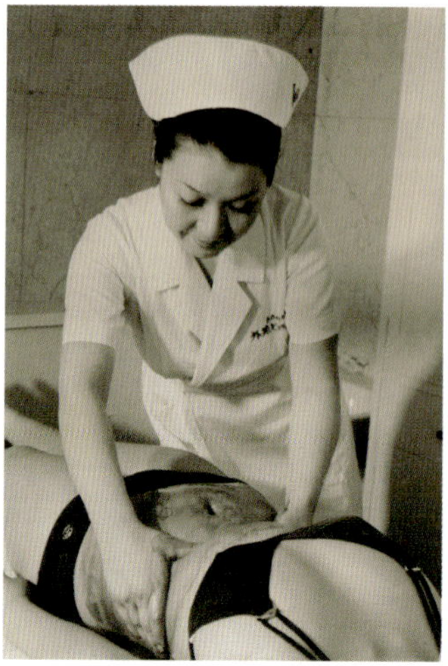

お客様にマッサージを施す、たかの

たかの友梨エステティックアカデミー（東京都港区）

ィックサロンと違うのはどこだろう。それは、たかのが強い想いを持って「パーソナルなセラピストを育てている」という点である。30年間、お客様と一緒に歩いて効果を出すというシステムを培ってきた。

セラピストについてアリゾナ州セドナで聞いた話を、たかのは忘れられない。セドナは、精神的なパワースポットとして有名な地である。セラピストの役割はカウンセリングや話を聞くことだけではない。傷ついた人の隣に黙って寄り添ってあげることこそが大切なのだという話に、たかのは感銘を受けた。

女性の美しさは内面と密接にかかわっている。だから、エステティシャンもセラピストでなければならない。効果を出すために必要なのは技術と知識だけではないのだ。お客様の「心」も癒せるように、心を込めてお客様に寄り添うセラピストが必要だ。

たかのはこのような信念のもと、たかの友梨エステティックアカデミーでたくさんの「ビューティセラピスト」を育成している。このアカデミーは、スタッフにエステティック技術を教えることを目的として開業直後につくられたものだが、2004年からは一般にもこの門戸を開放した。

たかの友梨ビューティクリニックで初めてエステティックを体験するお客様には、まずカウンセリングを受けてもらう。どのような日常を過ごしているのか。自分の体に必要なのはリラクゼーションなのか、体重を減らすことなのか。ダイエットなら、そもそも太るのには理由がある。お客様にそっと寄り添いながらその理由を探り、少しずつ求められる効果を出していくのである。

エステティックサロンを訪れる女性たちにとって必要なのは、心に寄り添うセラピスト。この信念は、エステティックアカデミーの卒業生にDNAのように埋め込まれ、受け継がれている。

シンデレラになる

たかの友梨ビューティクリニックが毎年主催する「エステティックシンデレラコンテスト」。3ヶ月間でいかに健康的に痩せ、美しくなったかを競うものだ。1,256人の応募者が参加した2006年のコンテストを、たかのはこう締めくくった。

「あなたの体はあなたのもの。あなたや、あなたの家族の

第16回エステティックシンデレラコンテスト（2006年）

健康管理に役立てられる知識が身に付いたと思います」

シンデレラといっても、王子様に見初められて幸せになるシンデレラではない。これは、目標体重を実現するために、毎日厳しい自己管理メニューをこなしてようやく手に入れることができる称号である。

①1日4回、体重を測定してグラフを付けること
②11品目の食材をバランスよく摂取すること
③1口30回咀嚼《そしゃく》すること
④エステ体操をすること
⑤エステトリートメント

応募者に厳しく求めるメニューは、バランスの取れた食事を取り、適度に運動し、規則正しい生活を過ごすことである。実は、そんなに特別なことではない。美しくなるために最も大切なのは、自分の体を正しく管理すること。健

康管理のために必要な知識を身に付けることが、コンテストの一番の目的なのだ。冒頭のメッセージには、そんな想いが表れている。

また、体が美しく引き締まっていく過程で人間としても成長する、とたかのは指摘する。理想的なスタイルを手に入れるためには、強い意志と努力が欠かせない。辛抱強くトレーニングを続ければ、自然と心も強くなる。心と体はつながっている。内面が強くなれば、その自信が美しさとなって外面にも現れる。たかのは、お客様を心と体の両面からサポートするようスタッフを指導する。

サロンの会員になると「シンデレラ手帳」が渡される。3ヵ月後の目標とダイエットの決意を書き込み、目標とする自分のイメージを明確にする。自分のなりたい理想像がシンデレラ。シンデレラになるための手帳だ。

不幸なシワはなくせる

美しさとは、外見だけを整えてできあがるものではない。内面と外面がそろうことで初めて醸し出されるものである。

ビューティアドバイザーになる以前のたかのはぱっとせず、他人から見向きもされなかった。それが、ビューティアドバイザーになり、ちゃんとメイクをするようになって、人から注目されるようになった。たくさんの人から食事や遊びに誘われるようになり、たかのは状況の変化に驚いた。女性にとって、きれいだということは時に大きな力を発揮する。それまで必死に身に付けてきた理容師の腕前以上のパワーである。自分に自信が持てるようになって、ますます美しくもなれた。

「女はきれいになって魅力的で、これを買ってあげたい、バラを贈りたいという女でなければならないと思うの」

これがたかのの信念だ。人は幸せそうな人のもとに集まってくる。スタッフにも、「冬なら『暖かそうで、幸せそうで、きれいね』、夏なら『涼しそうで、幸せそうで、きれいね』と言われるようにしていなさい」と諭している。だから、たかのは言う。

「シミもシワも、幸せな人と不幸な人はでき方が違うんですね。不幸なシワはなくせるんです」

美しくあるためには、心をも支えなくてはならない。「ビューティセラピスト」というたかの友梨ビューティクリニックの根幹とも言える仕掛けは、こんな体験からももたらされている。

お客様も従業員も、そして自分もシンデレラ

現在、たかのは事業を続けていくために、株式を上場する準備を進めている。たかのは言う。

「ちょっと浪花節ですけど、母親とか、私自身もあんまり幸せじゃなくて。非常に不幸な女性を見ているの」

従業員のためにも、女性が自立して歩めるフィールドとして会社を残してあげることが自分の使命ではないかと自覚し始めた。お客様も従業員も自分も、すべての女性の幸せと美しさを追及する。この姿勢こそが、たかの友梨ビューティクリニックがここまで大きくなったパワーの源泉なのだろう。

自分がつくりあげた会社は、今や組織としてうまく機能

している。本当に楽になった。そんなたかのにとっては「美容家として、125歳まで美しくいることが仕事の一部」であり、次なる目標なのである。

3つの成功ポイント

①経営理念

すべての女性(顧客、従業員、自分)を大切にする

②成長力

努力を怠らずチャンスをものにする

③スタッフ教育

スピリチュアルな側面を付加価値にする

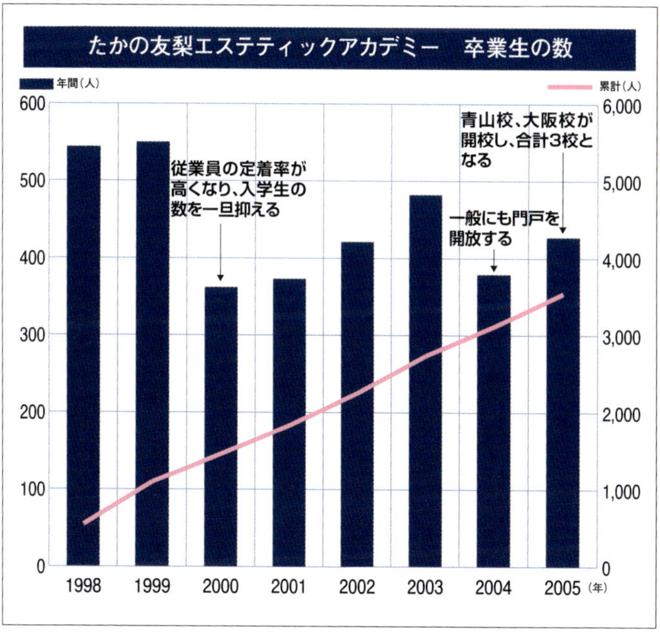

会社名	株式会社不二ビューティ（たかの友梨ビューティクリニック）
上場	非上場
事業内容	エステティックサロン
本社所在地	東京都渋谷区代々木5-58-3たかの友梨レインボービル
創業	1978年（昭和53年）9月
設立	1979年（昭和54年）11月
代表者	代表取締役　髙野　友梨（たかの　ゆり）
資本金	9,500万円
従業員数	1,200人
売上高	220億円
URL	http://www.takanoyuri.com/

2006年4月1日現在

エピローグ

2006年、日本経済は順調に回復基調にあるとされている。しかしその一方で、ここ数年は企業の廃業率が開業率を大きく上回る「逆転現象」が深刻化していることも事実だ。改めて創業促進への関心が高まっており、あちこちで開催されている起業塾やセミナーは、どの講座も大盛況だという。

特に女性が、起業しようとする動きが活発化している。ITの発達が在宅勤務やSOHOを生み、家事代行やベビーシッター派遣といった種々のサービスも登場したため、家庭を持つ女性も仕事をすることができるようになった。

柔軟で豊かな女性の感性は、生産中心社会からナレッジ中心社会への変革を大きく促進させる要因となることだろう。これから迎える成熟社会では個性豊かな価値観が尊重される。消費者として生活の現場を実感してきた女性の果たす役割が、ますます重要となってくるだろう。

本書では、多くの女性経営者の中から、特に興味深い12人を選りすぐって取り上げた。期待と希望を胸に数々の問題を乗り越え、工夫を凝らしながら独自の女流経営を確立したストーリーは実に見事だ。

12人の例を、女流経営の秘訣「Sの7乗」として以下にまとめてみた。

女流経営「S^7」のパワー

Sensitivity（感性の豊かさ）

「女心をつかむ商品を開発し続ける」野口美佳、「おもてなしの精神を従業員に説く」元谷芙美子、「女性の美を追究し続ける」たかの友梨、「女性生活者の視点に立って再生を推進する」広野道子、「母性とともに若者を育てた」しぶやゆかり。

皆、抜群の感性を生かして成功を導いている。

Strength（強靭な精神力）

「誰もやらないことにゼロから挑んだ」野口美佳、「親から授かった哲学『Can Do』を貫いた」大河原愛子、「地道な努力で商品をヒットに導いた」石原智美、「小さなことをコツコツと積み上げて大きく育てた」篠原欣子。

強い意思で目標に向かってひた走るエネルギーを持つ。

Spirit（起業家魂）

「今なお挑戦意欲旺盛な」今野由梨、「常に創業精神に回帰して再建を試みる」広野道子、「大きな夢を原動力にする」大河原愛子・金城祐子、「顧客視点を徹底し続ける」橋本真由美、「何事もまずぶつかっていく精神を大事にする」石原智美。

起業に対して熱い想いを持ち、それを拠り所に明確で強いビジョンを形づくる。経営者にとって大変重要な要素だ。

Speed（迅速な決断力と行動力）

「まずやってみる積極性を持つ」金城祐子、「アイデアをすぐ事業化した」トーマス理恵、「フランスでいち早くエステ技術を習得した」たかの友梨、「思い立ったらすぐ動く迅速さを持続する」今野由梨。

「First movers advantage」という言葉があるように、経営ではスピードが勝負となることは自明である。躊躇《ちゅうちょ》なく動いて、次のチャンスを呼び込んだ。

Sympathy（共感を得る）

「強い想いで多くの人を巻き込んだ」しぶやゆかり、「現場で仲間と一緒に汗を流す」橋本真由美、「母親のような目で従業員を育てる」元谷芙美子・トーマス理恵、「人をやる気にさせ、任せて育てる」篠原欣子。

一人の力には限界があり、事業を継続・拡大するには多くの人々に支えられなければならない。皆、不思議なパワーで周りを巻き込み、支援を得た。

Smile（笑顔）

さて、各章の扉写真を改めてご覧いただきたい。素晴らしい表情が映し出されている。経営者の笑顔は看板であり、命である。彼女たちは皆しっかり前を向き、確実に幸運をつかんでいくことだろう。

Splendid（素晴らしさ）

そして「6つのS」がシナジーとなり、最後の「S」、素晴らしさを醸し出す。これらが女流経営を支えるキーワードだ。

女流経営「S^7」のパワー

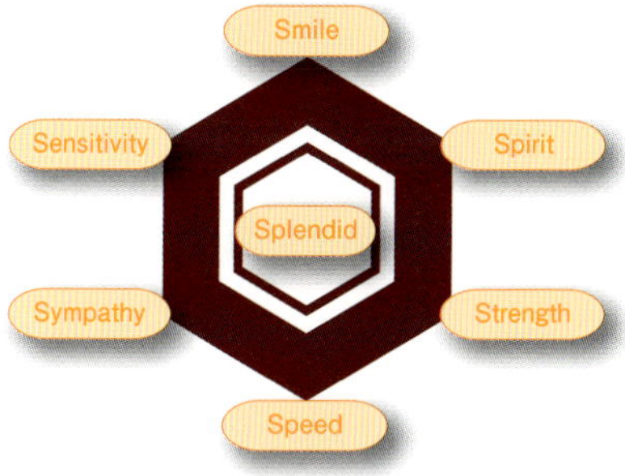

12人が活躍する業種・業態はそれぞれ異なる。経歴、起業の時代背景、動機も多様だ。しかし、彼女たちは共通して素晴らしい人間的魅力を持つ。経営にとって最も重要な要素はやはり人格であることを、改めて実感させられる。これは女性だけに言えることではない。ジェンダーを超え、すべての企業リーダーに必要な要素と言える。

我々執筆陣は12人の女流経営者から直接話を聞き、感動を憶えたことを文章に表現した。本書を読まれた方々にその感動が伝わり、明日へのヒントが生まれれば幸甚である。

【編著者略歴】

安田　龍平（やすだ　りゅうへい）

「はしがき」執筆

早稲田大学大学院卒業。大日本製糖（株）、紀文（株）を経て1979年独立創業。（株）ニュー·エスピー社長。中小企業診断協会正会員、東京支部顧問。NPO法人文京区中小企業経営協会理事長。千代田区診断士会会長。LEC大学総合キャリア学部教授。YCS（安田コンサルティングセミナー）代表。日本経営診断学会会員。中小企業診断士。調理師。

『なぜ倒産するのか』（経林書房）『小売・サービス業勝ち残る店はここが違う』全16巻60業種（編著、経林書房）『起業成功事例集』『地域一番店』『会社復活』『感動した顧客が繁盛店をつくる』『コミュニティビジネス成功事例集』『オンリーワン企業はここが違う』『ニッチを狙え！』『中小企業支援施策総攬』『ビジネスリーダーの夢と挑戦』『営業力は創る・育てる』（以上YCS共同執筆の編著、経林書房）　他多数

■木村　泰三（きむら　たいぞう）

「今野由梨」「エピローグ」執筆

関西学院大学商学部卒業。住友軽金属工業（株）勤務。入社以来、主に営業、生産財マーケティングの仕事に従事。中小企業診断士。1級販売士。キャリア・コンサルタント。日本販売士協会登録講師。日本経営診断学会正会員。

『ニッチを狙え！』『「営業力」は創る・育てる・ここで差がつく』（以上共著、経林書房）

【著者略歴】（執筆順）

澤村　治子（さわむら　はるこ）

「野口美佳」執筆

南山大学外国語学部イスパニヤ科卒業。在スペイン日本国大使館にて在外公館派遣員として勤務。帰国後、シヤチハタ（株）の中南米海外営業、日産自動車（株）フォークリフト部門での海外営業（海外子会社事業管理）を経験。2005年ソニー（株）での派遣社員を経て、2006年1月日産自動車（株）に再び正社員として復職。中小企業診断士。

五十嵐　博一（いがらし　ひろかず）

「元谷芙美子」執筆

早稲田大学理工学部電気工学科卒業。清水建設（株）勤務を経て2005年独立創業。（有）ファイブ・コンサルティング代表（技術経営コンサルタント業および人材教育業）。中小企業診断士。技術士（電気·電子）。インテリアコーディネーター。建築設備士。

『3日間でできるLLP設立ガイド』『日本版LLCはこうつくる』（以上共著、日本実業出版）、『生産管理クイックマスター』（共著、同友館）　他

大嶋　碩郎（おおしま　よしろう）

「橋本真由美」執筆

成蹊大学政治経済学部卒業。日本勧業銀行（現みずほ銀行）、（株）第一勧銀情報システムを経て2003年9月独立。中小企業診断士。ITコーディネーター。情報処理技術者（システム監査）。

『起業成功事例集』『コミュニティビジネス成功事例集』『営業力は創る·育てる』（以上共著、経林書房）、『地域一番店はここが違う』（編著、経林書房）

安田　裕美（やすだ　ひろみ）
「広野道子」執筆

白鴎大学経営学部経営学科卒業。企業研修会社、経営コンサルタント会社を経て2004年独立。現在（株）SRSコメンスメント（経営コンサルタント業）取締役。中小企業診断士。

高橋　玲子（たかはし　れいこ）
「トーマス理恵」執筆

東京女子大学文理学部史学科卒業。総合商社勤務を経て2004年独立。RT Management代表（経営コンサルタント業）。中小企業診断士。１級カラーコーディネーター。

『Excelで学ぶデータマイニング入門』『Excelで学ぶ営業・企画・マーケティングのための実験計画法』（以上共著、オーム社）

岩本　亨（いわもと　とおる）
「篠原欣子執筆」

名古屋大学文学部史学科卒業。（株）リクルート勤務を経て2004年独立開業。岩本亨事務所代表。中小企業診断士。企業再建・承継コンサルタント協同組合組合員。千代田区経営相談員。（独）中小企業基盤整備機構販路開拓コーディネーター。

『ニッチを狙え！』（共著、経林書房）

熊田　和彦（くまだ　かずひこ）
「金城祐子」執筆

明治大学政治経済学部政治学科卒業。外資系メーカー勤務を経て、現在（株）ニコン勤務。中小企業診断士。１級販売士。キャリア・コンサルタント。

『中小企業診断士２次試験『80分間の真実』』（共著、日本マンパワー）

岩渕　晋明（いわぶち　ひろあき）
「石原智美」執筆

北海道大学経済学部卒業。ダイカ（株）勤務を経て、現在（株）あらた経営企画室勤務。中小企業診断士。情報処理技術者第２種。キャリア・コンサルタント。カラーコーディネーター１級（商品色彩）。

『中小企業診断士２次試験『80分間の真実』』（共著、日本マンパワー）

鈴木　伸子（すずき　のぶこ）
「大河原愛子」執筆

小樽商科大学商学部商学科卒業。（株）大塚商会にてシステムエンジニア、ITコンサルタント職を経て、現在はグローバルナレッジネットワーク（株）人材教育コンサルタントとしてIT技術者教育に従事。中小企業診断士。キャリア・コンサルタント。

竹田　真司（たけだ　しんじ）
「しぶやゆかり」執筆

大阪市立大学理学部化学科卒業。日商岩井（株）（現双日（株））入社後ベトナム・ハノイ外国語大学留学卒業。ベトナム・ホーチミン駐在を経て、現在同社プラスチック部門に勤務。中小企業診断士。

論文『光学活性なCo（Ⅲ）ジアミン錯体のVCDスペクトル』（日本化学会）

丸山　芳子（まるやま　よしこ）
「たかの友梨」執筆

横浜市立大学商学部経営学科卒業。（株）ディレク・ティービー、（株）メガポート放送等にて、データ放送、マーケティングに関する業務に携わった後、現在（株）Tカード＆マーケティングに勤務。中小企業診断士。システムアナリスト（情報処理技術者）。

『中小企業診断士試験大合格体験記』（共著、同友館）

STAFF

【写真】沼田知久（Third Eye Studio）
（P. 39, 40, 50, 52, 55, 56, 99, 100, 108, 111, 114, 115, 160, 171, 176, 200, 210, 214）
鄒　大慶
（P. 21, 22, 24, 26, 35, 61, 62, 81, 82, 92, 119, 120, 128, 131, 135, 179, 180, 187, 191）
【デザイン／装丁】遠山香織（akanesus）
【DTP】佐々木（吉武）りえ
【校正】大久保潤・前原由理
【総合プロデュース】千種伸彰
【編集】前原由理

公式サイト『女流経営』 http://www.w-biz.jp

女流経営　12の成功物語

2006年9月24日　初版第一刷発行
2006年10月13日　初版第二刷発行

編著者　安田龍平・木村泰三

発行者　吉野眞弘

発行所　株式会社メディア総合研究所
東京都渋谷区千駄ヶ谷4－14－4
SKビル千駄ヶ谷4F
郵便番号　151-0051
電話番号　03-5414-6210
振替　00100-7-108593

印刷・製本　株式会社シナノ
四六版(19.4cm)　総250頁

ISBN4-944124-22-8